人物叢書

新装版

源頼義《みなもとのよりよし》

元木泰雄

日本歴史学会編集

吉川弘文館

陸奥に出発する源頼義

（歴博本「紙本著色前九年合戦絵詞」，国立歴史民俗博物館蔵）

本文119頁参照

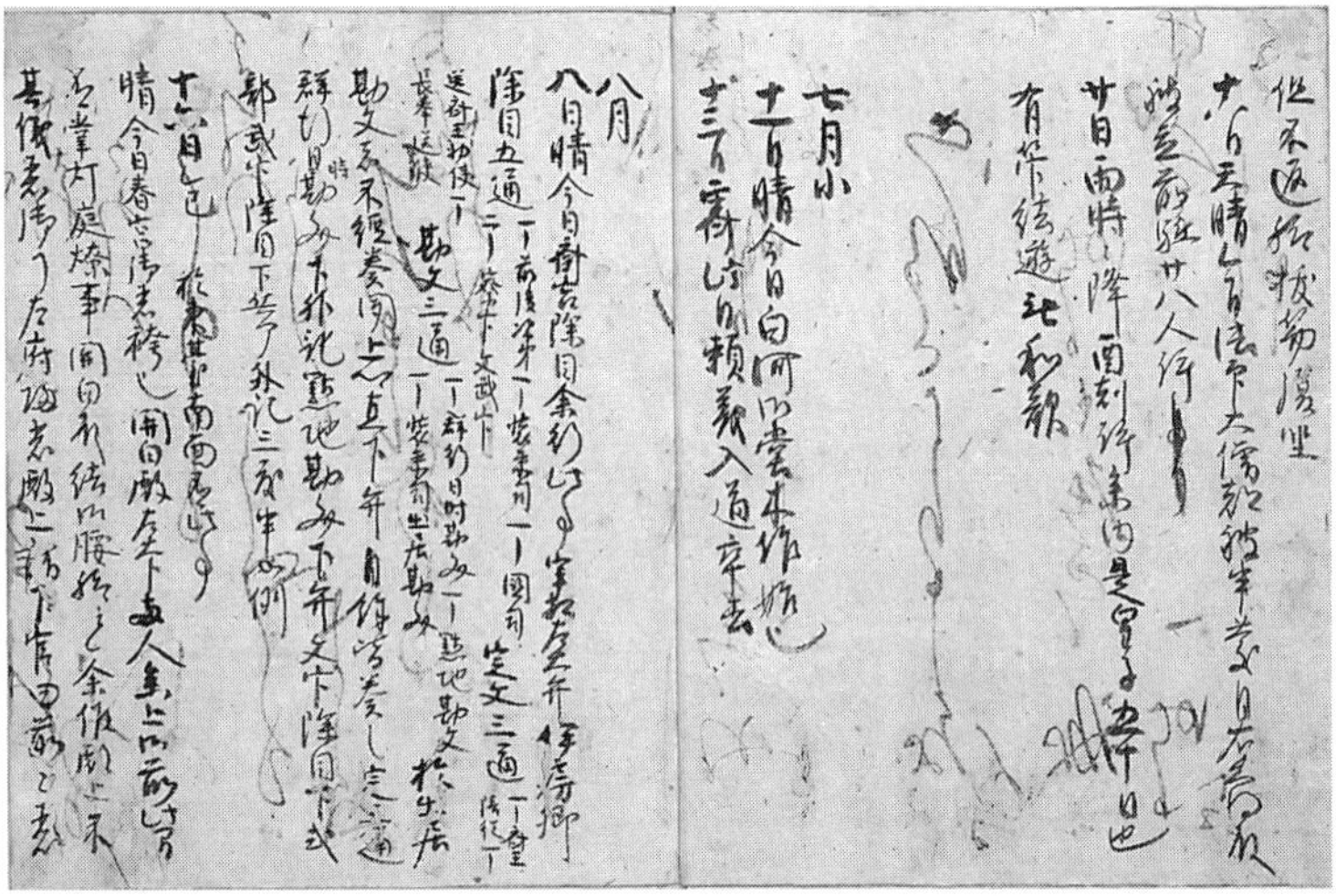

源《みなもとの》　俊房《としふさ》『水左記』（前田育徳会尊経閣文庫蔵）

承保二年（1075）七月十三日条に「頼義入道卒去」と書き留められている（本文１頁および181頁参照）

はじめに

摂関政治の繁栄にも翳《かげ》りが見えてきた一一世紀後半、陸奥国《むつのくに》を舞台として一二年にも及ぶ大乱が勃発した。前九年合戦《ぜんくねんかっせん》である。苦戦の末に安倍《あべ》氏を滅ぼし、この大乱を平定した武将が、源頼義《みなもとのよりよし》であった。彼は河内源氏《かわちげんじ》の祖頼信《よりのぶ》の長男で、鎌倉幕府《かまくらばくふ》を開いた頼朝《よりとも》はその後裔《こうえい》にあたる。そして頼義は東国《とうごく》に名声を確立するとともに、多くの東国武士との間に主従関係を締結して、河内源氏を大きく発展させ、鎌倉幕府成立の基礎を築いたとされる。

さて、鎌倉時代後期に編纂《へんさん》された鎌倉幕府の公式歴史書『吾妻鏡《あづまかがみ》』によると、頼朝は文治《ぶんじ》五年（一一八九）に平泉《ひらいずみ》を征服した際に、頼義の前九年合戦における先例を重視したとされる。すなわち、平泉を占領した頼朝は、さらに前九年合戦終結の地厨川柵《くりやがわのさく》を目指した（九月二日条）。その途中の陣岡《じんがおか》（現岩手県紫波《しわ》郡紫波町）において、家人河田次郎《けにんかわだじろう》に殺された平泉藤原《ふじわら》氏の当主泰衡《やすひら》の首が献じられると、頼朝は一世紀余り前の頼義の故事を模倣したという。

すなわち、『吾妻鏡』同年九月六日条によると、頼朝は前九年合戦において安倍貞任《あべのさだとう》の首をさらした横山経兼《よこやまつねかね》の曾孫時広《そうそんときひろ》に、泰衡の首をさらす役割を担当させ、時広も貞任の首を釘で打ちつけた者の子孫に同じ役目を担当させたという。頼朝が頼義を徹底して模倣し、彼を重視したことを強調する記述となっている。

代々の河内源氏の当主は、東国武士を組織して辺境の賊徒・夷狄《いてき》を討伐してきた。その嚆矢《こうし》となったのが、長元《ちょうげん》四年（一〇三一）に房総半島における平忠常《たいらのただつね》の乱を平定して東国で名声を博した頼義の父頼信であった。ついで、相模守《さがみのかみ》として東国武士を組織し、前九年合戦を鎮圧して主従関係を確固たるものとしたのが頼義にほかならない。頼朝は、その立場を継承したという認識が広く存在している。それが浸透した一因は、この『吾妻鏡』の記述にあったといえよう。

しかし、はたして『吾妻鏡』が強調するように、河内源氏と東国武士との関係が一世紀以上を隔てて継続し続けるような強固なものであったのか。『吾妻鏡』の記述には、頼朝の東国支配を正当化しようとする虚構が含まれるとする見方が有力となってきた。こうしたことから、『吾妻鏡』の記述に対する信憑性も揺らいでおり、泰衡梟首《きようしゆ》に関する記述には、頼朝を婿に迎え鎌倉幕府を樹立した北条時政《ほうじようときまさ》の姿と、頼義を婿に迎えた時政の祖平直方《たいらのなおかた》を重ね合わせ、北条氏と河内源氏との密接な関係、特権的地位を強調する意図が込められていた可能性が高いという指摘も生まれている。

『吾妻鏡』と同様に、頼義と東国武士との関係を強調するのが、前九年合戦を描いた軍記物語『陸奥話記《むつわき》』である。頼義は前九年合戦に先立って相模守在任中に東国武士と密接な関係を築き、会坂《おうさか》（逢坂関）以東の武士の大半が彼のもとに組織されたとしたり、前九年合戦の開戦とともに「坂東の猛《たけ》き士、雲のごとくに集まり雨のごとくに来《きた》る」という状態であったとしたりする。こうしたことも、頼義が東国武士を組織した武家棟《ぶけとう》梁《りょう》であったとする理解の根底にある。武家棟梁頼義が、多くの東国武士を率いて、陸奥支配の野心を抱いたという見方も生まれることになる。

しかし、『陸奥話記』は、前九年合戦直後に完成したとはいえ、頼義や長男義家《よしいえ》を讃嘆する目的で作成された作品であり、その叙述が文学的修辞に満ちていることはいうまでもない。

第一、多くの東国武士が参戦していたのならば、なぜ頼義は黄海《きのみ》合戦でたった七騎になるような惨敗を喫したのであろうか。また、その前から頼義は、たびたび諸国の兵士や北奥羽の俘囚《ふしゅう》の参戦を呼びかけたのはなぜか。結局、前九年合戦は出羽から一万騎に及ぶ軍勢を率いて参戦した清原武則《きよはらのたけのり》の支援によって、ようやく頼義は勝利を得ることになったのである。こうした事実は頼義の武力の限界を物語っている。実際には、頼義が独自に動員できた武力はわずかなものでしかなかったのではないか。これを、鎌倉幕府成立から遡及させて、頼義を東国武士の組織者である「武家棟梁」などと過大評価してきたのではないだろうか。

鎌倉幕府の前提として、幕府や頼朝の姿を投影させた頼義像を払拭することが、彼の伝記執筆にとって、最も重要な課題といえよう。こうした頼義像を構築してきた『吾妻鏡』や『陸奥話記』の表現の背後に存する、頼義の実像を解明する必要がある。また、前九年合戦やその前提ともいうべき相模守在任期間を除いて、頼義は京で生活していたのであり、京で築いた政治基盤も検討するべきであろう。

とはいえ、頼義を検討するに際して史料の制約は大きい。彼に関する史料は、前九年合戦の軍記である『陸奥話記』が中心で、そのほか説話類が多く、古記録や古文書といった確実な史料に乏しいという大きな問題がある。そこで、本書では、彼のみならず、父頼信や弟頼清《よりきよ》の活動、前九年合戦の前提となる陸奥の支配と小一条家《こいちじょうけ》・桓武平氏貞《かんむへいしさだ》盛流《もりりゅう》・藤原秀郷流《ふじわらのひでさとりゅう》等との関係、さらに彼らが活動した時代背景等にも言及しながら、客観的な頼義像に迫ってゆくことにしたい。

本書をなすに当たり、多くの方々のご支援を賜った。厚く御礼を申し上げる次第である。

二〇一七年五月二〇日

元木泰雄

目次

口絵

陸奥に出発する源頼義

源俊房『水左記』

挿図

第一　頼義の誕生

一　生誕と父頼信

頼義死没の記事

歴史上の多くの人物と同様、頼義《よりよし》の生誕を記した書物はない。しかし、著名人となっていた彼の死没は、貴族の日記に記録されることになる。すなわち、村上源氏《むらかみげんじ》の公卿《くぎょう》源俊房《みなもとのとしふさ》の日記『水左記《すいさき》』の承保《じょうほう》二年（一〇七五）七月一三日条に、「頼義入道卒去」という記述が残されているのである（口絵参照）。俊房は当時権大納言《ごんのだいなごん》、のちに左大臣《さだいじん》に昇進する有力貴族であった。記述はまことに素っ気なく、頼義の事績についいて言及がない。これは、名声を博した前九年合戦《ぜんくねんかっせん》の平定からすでに一〇年以上を経ており、出家《しゅっけ》して第一線を退いていたためであろう。後述するように、『古事《こじ》

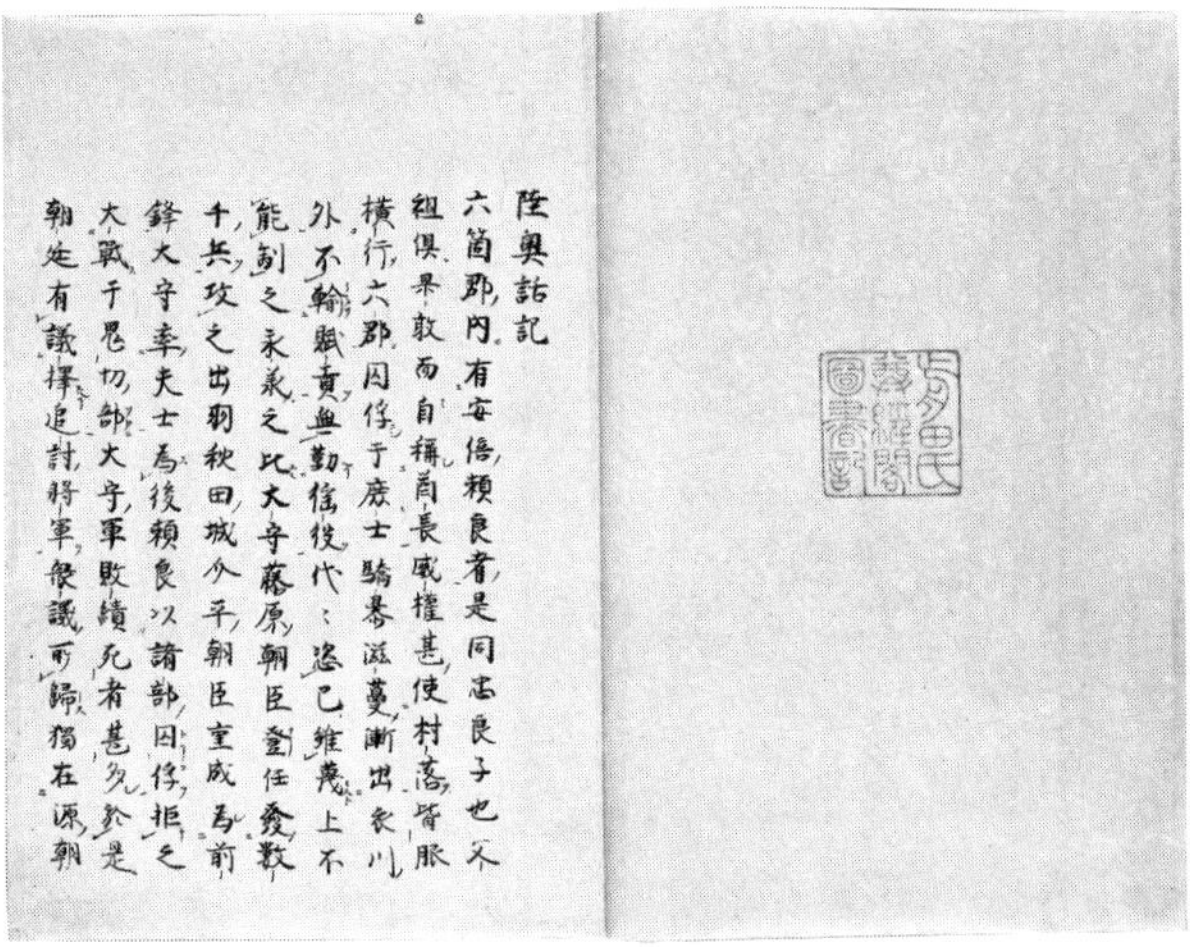
陸奥話記
六箇郡内有安倍頼良者是同忠良子也父
祖倶果敢而自称酋長威権甚使村落皆服
横行六郡囚俘于庶士驕暴滋蔓漸出衣川
外不輸賦貢無勤徭役代々恣己雖蔑上不
能制之永承之比大守藤原朝臣登任発数
千兵攻之出羽秋田城介平朝臣重成為前
鋒大守率夫士為後頼良以諸部囚俘拒之
大戦于鬼切部大守軍敗績死者甚多於是
朝廷有議択追討将軍衆議所帰独在源朝

『陸奥話記』（前田育徳会尊経閣文庫蔵）
尊経閣文庫本は，最も古態を伝える写本とされている．

談《だん》』等の説話によると、晩年の彼は、もっぱら仏道三昧《ざんまい》の生活であったという。

没年については、『尊卑分脈《そんぴぶんみゃく》』に八八歳とある。当時としては大変な長寿であるが、天喜《てんぎ》五年（一〇五七）当時、「懸車《けんしゃ》」、すなわち七〇歳に迫ろうとしていたとする『陸奥話記《むつわき》』の記述とも合致している。これに従うならば、生年は永延《えいえん》二年（九八八）となる。ちょうど、摂関政治の全盛期を築いた藤原《ふじわらの》兼家《かねいえ》が、外孫一条《いちじょう》天皇の摂政《せっしょう》として権勢の頂点にあった時代にあたる。父頼信《よりのぶ》は当時二一歳、長男を得るに相応しい年齢といえよう。

父頼信と、藤原道兼

頼信は安和《あんな》の変で暗躍した源満仲《みつなか》の三男で、そして周知のとおり河内源氏《かわちげんじ》の祖となった武将である。彼は、兼家の三男で「町尻殿《まちじりどの》」と称された道兼《みちかね》の腹心であったことが、『古事談』（四―一二）の有名な説話に見える。すなわち、永祚《えいそ》二年（九九〇）に父兼家が出家した後、道兼は兄道隆《みちたか》に後継関白《かんぱく》の座を奪われた。これに憤慨した頼信は、道隆の暗殺を口走り、兄の頼光《よりみつ》に制止されたというのである。話の内容も極端であり、説話という書物の性格からも、とうていそのまま事実とみなすことはできないが、道兼の家人《けにん》であったことが広く知れ渡っていたことは疑いない。

花山天皇の退位

『大鏡《おおかがみ》』によると、頼信が伺候《しこう》した道兼は、蔵人《くろうど》として仕えていた花山《かざん》天皇が、寵姫《ちょうき》の死去に落胆し、出家を仄《ほの》めかすや、巧みに天皇を京の郊外山科《やましな》の元慶寺《がんぎょうじ》（花山寺）に連れ出し、出家・退位に追い込んだとされる。この結果、兼家の外孫懐《やす》仁《ひと》親王、すなわち一条天皇の即位が実現し、兼家は天皇外祖父にして摂政という、

【藤原兼家と天皇家関係系図】

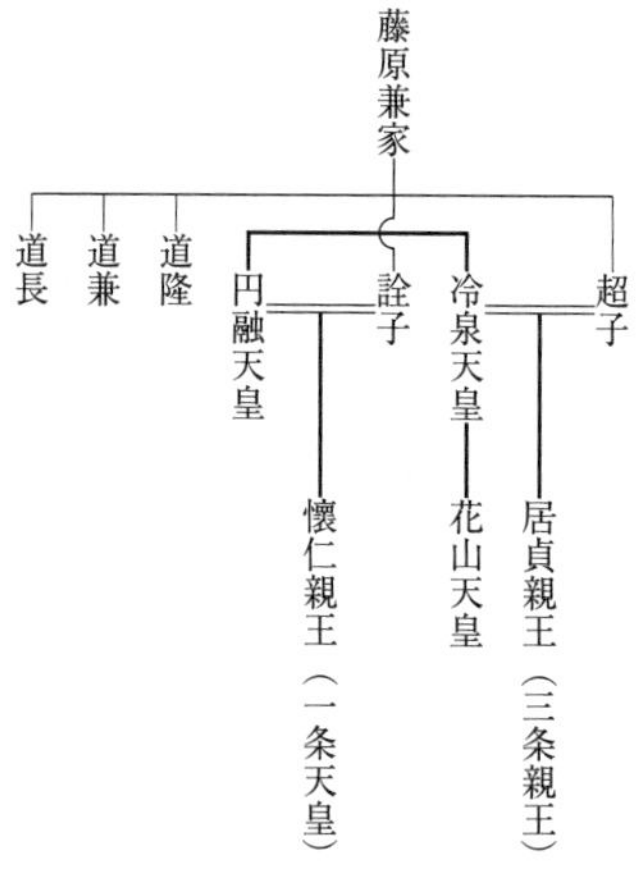

強力な地位を掌中に収めた。この地位についたのは、清和《せいわ》天皇の外祖父として人臣初の摂政となった藤原良房《よしふさ》以来のことであった。さらに東宮《とうぐう》にも、兼家のもう一人の外孫の居貞《おきさだ》《いやさだ》親王（のちの三条《さんじょう》天皇）が擁立されたのである。かくして、現帝・次帝の外祖父という強力な地位を得た兼家は、道長《みちなが》に連なる摂関政治の全盛期を築くにいたった。

「いみじき源氏の武者たち」

花山天皇を内裏から連れ出した際、「なにがしかがしといふ、いみじき源氏の武者たち」が天皇の周囲を固めたことは有名であるが、その中に頼信が含まれていた可能性は高い。また新東宮に仕える東宮大《だい》進《しん》となったのが長兄頼光で、摂関政治の全盛とともに武門源氏は政治的地位を上昇させたのである。

当時の頼信の官位等は不明だが、権力者の側近とはいえ、年齢からみてさほど高いものであったとは考えがたい。ちなみに彼が初めての受領《ずりょう》である上野介《こうずけのすけ》に在任していたことがわかるのは、長保《ちょうほう》元年（九九九）のことである。

二　母修理命婦

頼義の母

一方、母については、『尊卑分脈』に「修理命婦《しゅりのみょうぶ》」という名前が記されているが、その世系《せいけい》等は不明である。命婦とは、本来五位の位階を有する女官を意味したが、当時は儀式に奉仕する女房を意味したとされる。「修理」とあるのは、父が修理職《しゅりしき》の官人であったことを示すものであろう。おそらくは下級貴族・官人層の出身で、宮廷に仕えていた女性と考えられる。

頼義母の醜聞

彼女に関する醜聞が、鳥羽院政期の摂関家に家長「大殿《おおとの》」として君臨した藤原《ふじわらの》忠実《ただざね》の談話集『中外抄《ちゅうがいしょう》』（下五三）に掲載されている。同書は、まさに大殿として

藤原忠実像
（『模本春日権現験記』より，東京国立博物館蔵）

活動した時期の談話集だけに、家人として伺候した源《みなもとの》 為義《ためよし》以下、河内源氏に関する談話も散見している。頼義の母に関するものは、保元《ほうげん》の乱の二年前である仁平《にんぺい》四年（一一五四）三月二九日に記録されたものであった。

　これによると、彼女は宮仕えをしていて頼信の寵愛を受け、頼義を儲けたという。ところが、のちに自身に仕える「半物《はしたもの》」（召使の女性）を寵愛する男と不倫関係を結び、随身中臣兼武《ずいじんなかとみのかねたけ》を生むにいたった。のちにこのことを知った頼義は母親を激しく嫌悪し、前九年合戦最大の激戦、黄海《きのみ》合戦の際に死んだ乗馬の供養は行ったものの、母の忌日には法会《ほうえ》を行わなかったという。

　随身はおおむね世襲されるので、兼武の父も随身であり、儀仗兵《ぎじょうへい》だけに、容姿に優れていたと見られ、そこに彼女は惹かれたのであろう。しかし、随身は六位以下の下級官人にすぎず、四・五位の位階を有する諸大夫《しょだいぶ》層に属する河内源氏とは、身分が大きく隔たっている。当時は、性的関係にはおおらかな時代であったが、そうした身分の低い男性との不倫が頼義を憤慨させたものと考えられる。

また忠実は、これ以後河内源氏の代々の当主は、「華族《かぞく》」、すなわち優れた家柄の女性を母としたと語っている。具体的には、義家の母が桓武《かんむ》平氏《へいし》嫡流であった平直《なお》方《かた》の、為義の母が大学頭《だいがくのかみ》藤原有綱《ありつな》の娘で、いずれも河内源氏と同じ諸大夫の家柄であった。こうしたことから考えると、頼義の母は品性に劣るだけでなく、出自も六位以下の低い家柄であったと見てさしつかえない。これは、修理命婦と結婚した当時における頼信の政治的地位を反映した結果であろう。

なお同内容の説話が、鎌倉時代の説話集『古事談』（四―一五）に掲載されている。むろん『中外抄』の引用であるが、頼義の母に関する醜聞が人口に膾炙《かいしゃ》していたことを物語る。鎌倉将軍家の先祖に関する話題だけに、広く関心を集めたものと思わ

母の家柄

れる。

以上、頼義の父と母について検討を加えてきた。頼義の生誕当時、父頼信はまだ受領となっておらず、また本拠となる河内国における所領も開発以前であったと考えられる。また、母も一応朝廷に仕えた女性であった。こうしたことから、頼義が生誕したのは京であったと考えられる。

三　頼義の弟たち

四人の弟

次に頼義の弟たちについて触れておく。

『尊卑分脈』によると、頼義には四人の弟がいたという。次弟は、後述する頼清《よりきよ》、ついで井上を号し乙羽《おとわ》入道と称した頼季《よりすえ》、河内冠者頼任《かわちのかじゃよりとう》、そして末弟が国井《くにい》を号した義政《よしまさ》であった。しかし、『尊卑分脈』の脇坂《わきさか》本・前田《まえだ》本に頼清の母を頼義と同じ修理命婦とする記載があるのを除いて、いずれも母、生年はわからない。

頼義の兄弟に関する有名な説話が、先にも触れた忠実の談話集『中外抄』（上五一）に収められている。この談話は、康治《こうじ》二年（一一四三）四月一八日夜、家人である源為義が参入した際に、為義に対する忠実の命令を取り次いだ家司《けいし》の中原師元《なかはらのもろもと》に語ったものである。ちなみに、師元は『中外抄』の筆録者であった。

兄弟に対する父の評価

この談話において、忠実は為義を検非違使《けびいし》にとどめるべきではなく、地方で受領等に任ずるべきであると、鳥羽《とば》院の人事を批判したのに続いて、源頼信が宇治殿《うじどの》藤《ふじ》原頼通《わらのよりみち》に対して息子三人を推挙した逸話を紹介している。

> 頼信、子三人あり。太郎頼義をば武者に仕《つか》ひ御《おは》せ。頼清をば蔵人に成し給へ。三郎字をとはの入道は不用者にて候《そうろ》ふ由《よし》、宇治殿に申し了《おわ》んぬ。申し請ふごとく、頼義をば武者に仕へしめ御して、貞任《さだとう》・宗任《むねとう》を打ちに遣はし、頼清をば蔵人になし給ふ。三郎をば不用の者と申ける気にや、叙用せしめ給はざりけり。

この逸話がいつのものかは不明確だが、後で詳述するように頼清が治安《ちあん》元年（一〇二一）以前に頼通の家司・侍所《さむらいどころ》別当となっていたことを考えると、それよりも前と考えられる。あるいは、頼通が道長から摂政を譲渡された寛仁《かんにん》元年（一〇一七）から間もないころだったのではないだろうか。

武人頼義

ここから、頼信が頼義を武人として高く評価していたことが明らかである。頼信が頼義を武人として信頼していた点は、後述する『今昔物語集《こんじゃくものがたりしゅう》』巻二五―一二の著名な説話からも窺うことができる。この説話では、父子が言葉を交わすこともなく緊密に連携し、馬盗人を殺害したとされる。

文官頼清

これとは対照的に、弟頼清は「蔵人」に推挙されており、当時は河内源氏出身であっても、文官として評価されることもあったことになる。これは、もっぱら受領として活躍した頼光、その子で文章生《もんじょうしょう》出身の頼国《よりくに》、その子で和歌六人党の一人に数えられた頼実《よりざね》等、代々受領・歌人として活躍し、摂関家の政所《まんどころ》・侍所等の家政機関職員を輩出した摂津源氏《せっつげんじ》と共通する側面といえよう。なお、池上洵一氏は「蔵人」を摂関家のそれとされる。具体的な根拠は示されていないが、確かに頼清は六位蔵人となった記録はなく、また宮中の蔵人所《くろうどどころ》に準《なぞら》えて整備された摂関家侍所の別当となっていたことから、的確な推測と考えられる。

一方、三男の「ヲトハ（乙羽）入道」（原文には「ヲトロノ入道」）は、先述の頼季とみられる。無能ならことさら推挙する必要もなさそうなものだが、あるいは頼通に取り入ろうとする動きがあったのだろうか。父からも低い評価を受けたことが原因か、彼に関する事績は確認することができない。

不用の者頼季

武人頼義と、能吏頼清との対照については後述に委ね、まずは父頼信の活動と、武門源氏の成立について触れておくことにしたい。

第二　武門源氏の成立

一　経基と承平・天慶の乱

源経基と、平将門の乱

武門源氏の祖で、頼義《よりよし》の曾祖父にあたる源経基《みなもとのつねもと》が史料に登場するのは、頼義の生誕からちょうど半世紀前、いわゆる承平《じょうへい》・天慶《てんぎょう》の乱の最中であった。将門の乱を描いた軍記物『将門記《しょうもんき》』によると、承平八年（九三八）二月、武蔵国《むさしのくに》の介《すけ》として赴任していた経基は、権守興世王《ごんのかみおきよおう》とともに無道な政務を行い、足立《あだち》郡司武蔵武芝《たけしば》と対立した。その調停に赴いたのが、かの平将門《たいらのまさかど》である。将門は、この三年前に桓《かん》武平氏《むへいし》一族の内紛から伯父国香《くにか》を殺害、その子貞盛《さだもり》や叔父良兼《よしかね》らとの激烈な私闘を勝ち抜いて、いわば坂東の「顔役」となっていた。その将門が、紛争の調停者として乗り込んだのである。

ところが、和解の動きを自身に対する攻撃と誤解した経基は驚愕して上洛、翌天慶二年三月、将門の謀叛を訴えた。その狼狽ぶりは、『将門記』に「介経基は、いまだ兵《つわもの》の道に練れず」と嘲笑される有様であった。この事件は、経基の武人としての、また国司としての未熟さを物語るものである。しかし、同年一一月、将門は常陸国府《ひたちこくふ》を攻撃し、国家的反乱を引き起こすにいたった。こうなるとまさに怪我の功名で、翌三年、経基は従五位下に叙されたのである。

次いで彼は、将門追討を目指す征東大将軍藤原忠文《ふじわらのただふみ》のもと、副将軍に抜擢される。しかし、追討軍の到着を待たず、将門は藤原秀郷《ひでさと》と平貞盛に討ち取られてしまうのである。忠文に活躍の機会はなく、恩賞に預かることはなかった。ところが、経基は大宰権少弐《だざいのごんのしょうに》に補任されるのである。むろん、これは時を同じくして瀬戸内海で勃発した元伊予掾《いよのじょう》藤原純友《すみとも》の反乱に対処するためであった。

とはいえ、将門の乱後に恩賞として五位以上に叙されたのは、経基の他には秀郷・貞盛のみにすぎない。すなわち、経基の子孫が摂津・大和・河内に分立する武門源氏、貞盛の子孫が伊勢平氏《いせへいし》以下の桓武平氏、秀郷の子孫が京の佐藤氏《さとうし》、平泉《ひらいずみ》藤原氏《ふじわらし》や下野国の小山《おやま》氏などとして発展することになる。承平・天慶の乱追討に活躍した武将の子孫が有力武門として確立するのである。

それにしても、経基は密告しただけで、五位に昇り、大宰権少弐となったのだから、過分の恩賞である。彼を庇護し、手厚い恩賞を与えた存在を想定せざるをえない。ここで想起されるのが彼の出自である。経基の系譜について、『尊卑分脈《そんぴぶんみゃく》』以下の系図、『大鏡《おおかがみ》』『今昔物語集《こんじゃくものがたりしゅう》』以下の文献が清和《せいわ》天皇の第六皇子貞純《さだすみ》親王の子とするのに対し、永承《えいしょう》元年（一〇四六）に、河内源氏《かわちげんじ》の祖頼信《よりのぶ》が誉田八幡《こんだはちまん》（石清水八幡《いわしみずはちまん》とする説もある）に奉納した告文《こうもん》では、経基を清和天皇の第一皇子陽成《ようぜい》天皇の皇子元《もと》平《ひら》親王の子としている。後者については、偽文書とする説、元平親王と経基との年齢から父子関係は成立しえないとする説もある。しかし、そうだとしても全く無関係の両者を父子とする系譜関係が作成されるとは考えがたい。

陽成院との関係

これについては別の書物で考察したが、経基を副将軍に起用した忠文は、陽成院の御給《ごきゅう》で従五位下に昇進しているし、彼の弟でやはり副将軍の忠舒《ただのぶ》は陽成院司であった。こうしてみると、経基は陽成院の周辺と密接な関係にあったと考えられる。陽成院は狩猟や武芸を好んでいたし、父とされる元平親王も、警察機関である弾《だん》正台《じょうだい》の長官弾正尹《だんじょうのいん》にあり、ともに健在であった。以上のことから、血縁関係はともかく、経基は陽成院や元平親王のもとで武人として養育され、将門の乱に際し彼らの庇護を受けたと見ることができるのではないだろうか。貞純親王は早世していたから、経基は元平の養子のような立場にあって、武門としての性格を継承した可能性がある。このことが、頼信の告文において経基が陽成・元平の系統とされた原因と考えられる。

藤原純友の乱

さて、その経基は天慶三年（九四〇）、純友を追討する追捕凶賊使の次官に任命されている。長官は小野好古《おののよしふる》、判官は藤原慶幸《よしゆき》、主典は大蔵春実《おおくらのはるざね》である。翌年五月、追捕使《ついぶし》軍は純友軍に博多津《はかたつ》で決戦を挑み、春実の奮戦などで圧勝する。しかし、

『純友追討記《すみともついとうき》』には春実はもちろん、好古・慶幸の名前はあるが、経基は姿を見せない。純友が討ち取られたあと、豊後で純友の残党桑原生行《くわばらのなりゆき》を追捕したのが、経基の唯一の事績であった。ここでも、彼は武人として大きな活躍をすることはなかった。

その後、経基は大宰大弐《だざいのだいに》となった好古の下で少弐として仕え、純友の乱後の治安回復、また新羅《しらぎ》滅亡後の対外的な危機といった九州の内憂外患に対処している。こうした経歴を見ると、経基も一応武人としての評価は確立したといえる。応和《おうわ》元年(九六一)、一説にはその翌年に経基は死去し、武門源氏は嫡男満仲《みつなか》に継承されることになる。

二 満仲と安和の変

平将門の子の入京

源満仲が史料に初めて登場するのは、父経基が死去したとされる前年、天徳《てんとく》四年

（九六〇）一〇月のことである。彼は将門の息子が入京したとの噂を受けて、村上《むらかみ》天皇から蔵人頭《くろうどのとう》を通じ、大蔵春実らとともに官職と無関係に直接動員されている。すでに、京における有力な武士と認定されていたことになる。以後、天皇・院によって、官職と無関係に武士は動員されることになる。

安和の変

満仲の名を一躍有名にしたのが、安和《あんな》二年（九六九）に勃発した安和の変である。彼は、変を惹起《じゃっき》する密告を行った。これによって冷泉《れいぜい》天皇の弟為平《ためひら》親王を擁立する謀叛計画が露顕し、ついに親王の岳父で藤原北家《ほっけ》の最大の政敵左大臣源高明《たかあきら》も失脚、配流されるにいたったのである。京は、天慶の乱当時を想起させる混乱と緊張に包まれた。承平・天慶の乱終息後、藤原忠平《ただひら》の下で、天皇と父院・母后・外戚・皇親といった天皇のミウチたちによる共同政治が継続し、政情は安定していた。そうしたなかで発生した安和の変は、武力衝突こそ起こらなかったものの、平安中期の京における最大の政変であった。

変の前提

源高明は醍醐《だいご》天皇の皇子であるとともに、藤原北家の中心師輔《もろすけ》の女婿でもあった。

師輔は、娘安子《あんし》が村上天皇の皇子三人を儲けたことから、次代の天皇の外祖父にして摂政という、かつて人臣初の摂政となった良房《よしふさ》以来の強力な地位を目前にしており、高明は師輔を補佐する立場で安定した地位を得るはずであった。しかし、天徳《てんとく》四年（九六〇）に師輔が、その四年後には、次代の国母《こくも》となるはずだった安子が、さらに康保《こうほ》四年（九六七）には村上天皇までもが相次いで死去し、かわって即位した冷泉天皇が病弱であったため政界は大きく動揺した。ここで、次世代の外戚をめざして冷泉の弟為平《ためひら》親王を婿に迎えた高明と、その弟守平《もりひら》親王（のちの円融《えんゆう》天皇）を東宮にたてた師輔の子供伊尹《これまさ》・兼家《かねいえ》たちとが対立し、ついに安和の変が勃発、高明が失脚させられたのである。

源高明と満仲

ところで、満仲の室は嵯峨《さが》源氏《げんじ》の能吏源俊《すぐる》の娘であった。彼女のイトコは高明の室、叔母は高明の母という関係にあり、満仲は姻戚関係を通して高明と結ばれていたことになる。

藤原千晴の進出

『源平盛衰記《げんぺいじょうすいき》』などが語るように、満仲が元来高明に伺候しながら裏切った可能性は高い。その背景には、秀郷の子藤原千晴《ちはる》の存在が関係していた。秀郷は将門追討の立役者として経基を凌駕する武威を誇るだけに、その子千晴が京に進出すると満仲の立場も動揺せざるをえない。また、千晴と武蔵権守を経験したことがある満仲との間には、以前から武蔵をめぐる対立もあった。その千晴が高明と政治的な結合を深めたことで、満仲は藤原北家側に立つ決断を下したものと考えられる。

源満仲像（兵庫県川西市・多田神社蔵）

満仲は乱の恩賞で正五位下に叙され、藤原北家の深い信任を得て、京における武士の第一人者の地位を獲得した。以後、満仲とその子供たちは、摂関政治の強力な爪牙として活躍するのである。安和の変後、満仲は常陸・摂津等の受領《ずりょう》を歴任し、息子頼信らが関与したと見られる花山《かざん》天皇退位事件の翌永延《えいえん》元年（九八七）八

【安和の変関係系図】

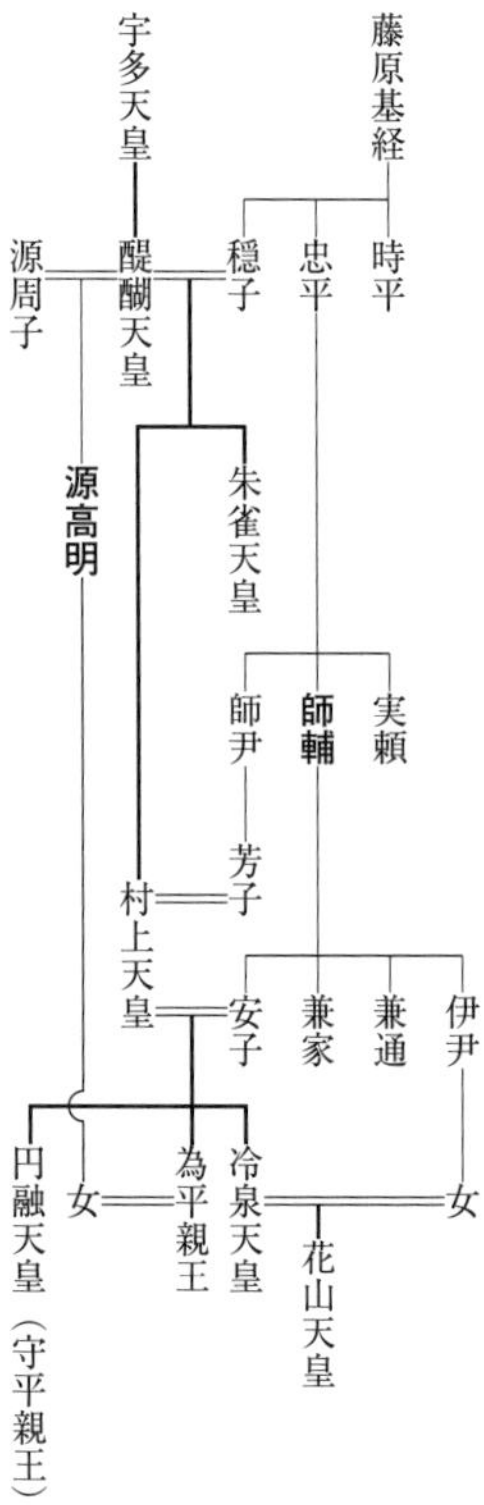

【満仲と高明関係系図】

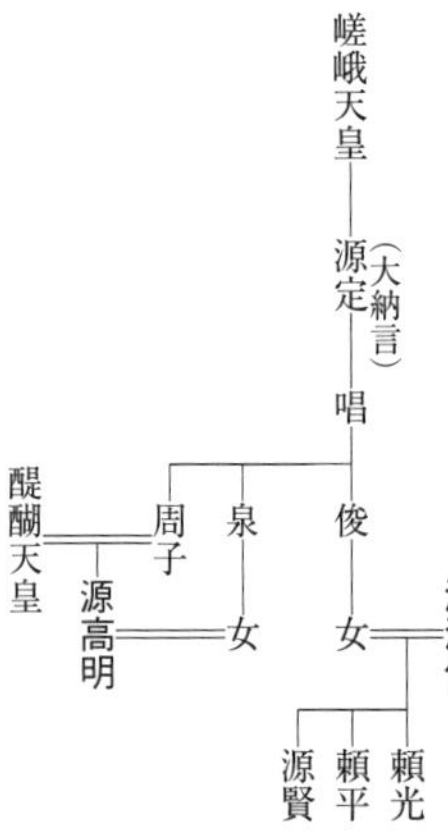

月、多田の地で出家することになる。

満仲と多田院

満仲出家の地である摂津国川辺郡多田《かわべぐんただ》（現川西市）に、彼が多田院《ただのいん》を建立したのは安和の変の翌年という所伝がある（『多田院縁起』）。この時に延暦寺《えんりゃくじ》の高僧を招いて大規模な寺院を建立したとする点には疑問があるが、彼が多田に寺院を建立したことや、多田の地を活動の拠点としていたことは事実である。この多田の所領こそが、武門としての源氏を確立する基盤となる。

三　武門源氏の確立

満仲の出家

『今昔物語集』巻一九「摂津守《せっつのかみ》源満仲出家語　第四」に、満仲に関する有名な説話がある。それによると、満仲は多田で郎等を組織し、彼らに私刑を加えて統制し、狩猟や鷹飼《たかがい》によって多くの殺生を行うという罪業深い生活を送っていた。これを嘆いた息子源賢《げんけん》とその師源信《げんしん》の勧めによって、さしもの満仲も、ついに出家にいたったというのである。

満仲の出家に際し、その館を四、五〇〇人もの郎等が警護したという叙述等は、後世の武士団の姿を投影させたものとされる。しかし、『小右記《しょうゆうき》』永延元年（九八七）八月一六日条にあるように、「殺生放逸《ほういつ》の者」と評された満仲は、多田において郎等と思われる一六名、そして女性三〇名とともに出家を遂げている。そして、多田に郎等たちを居住させて統制し、狩猟などで武闘訓練を行ったことも、事実を反映した記述と考えられる。多田が検非違使などの立ち入りを拒む、一種の治外法権を有していたことは、多田源氏に関する文例を集めた『雑筆要集《ざつぴつようしゅう》』という史料から明らかである。

こうした所領と武装集団の形成によって、東国の平氏と同様に、武門源氏も本格的な武士としての性格を有することになったのである。経基は、武的な官職にはついたが、独自の武力を組織した形跡はない。いわば、坂上《さかのうえ》氏等と同様の軍事官僚であったといえる。満仲はそれを超克し、中世に連なる武門の立場を確立したことになる。のちに武門源氏の祖と仰がれるのは、経基ではなく満仲であるが、それは多田の所領と武士団を彼が形成したことと無関係ではないだろう。

この多田は、京から丹波路《たんばじ》を通れば、まさに山一つを越えた間近な地であり、京における有事に際して、すぐに武士を動員できる場所である。先述の将門の子の入京をはじめ、安和の変のような大きな政変、盗賊の横行など、京でも天皇・朝廷を守る武力を必要とする事態が相次いでいた。それゆえに、満仲は京にほど近い地に拠点を築き、在京活動に備えたのである。

京周辺における武士の拠点

京における武士の必要性が高まった結果、京周辺に拠点を築く武士たちも増えてくることになる。東国に拠点を築いていた桓武平氏貞盛流も、在京活動に備えて伊勢・伊賀付近に拠点を構築する。東国から郎等を動員していたのでは、京における軍事活動に対応できないことはいうまでもない。貞盛の四男維衡《これひら》が、同じ桓武平氏良兼流との長い抗争を経て、伊勢に拠点を確立するにいたった。彼の子孫こそが、河内源氏の宿敵となる伊勢平氏にほかならない。

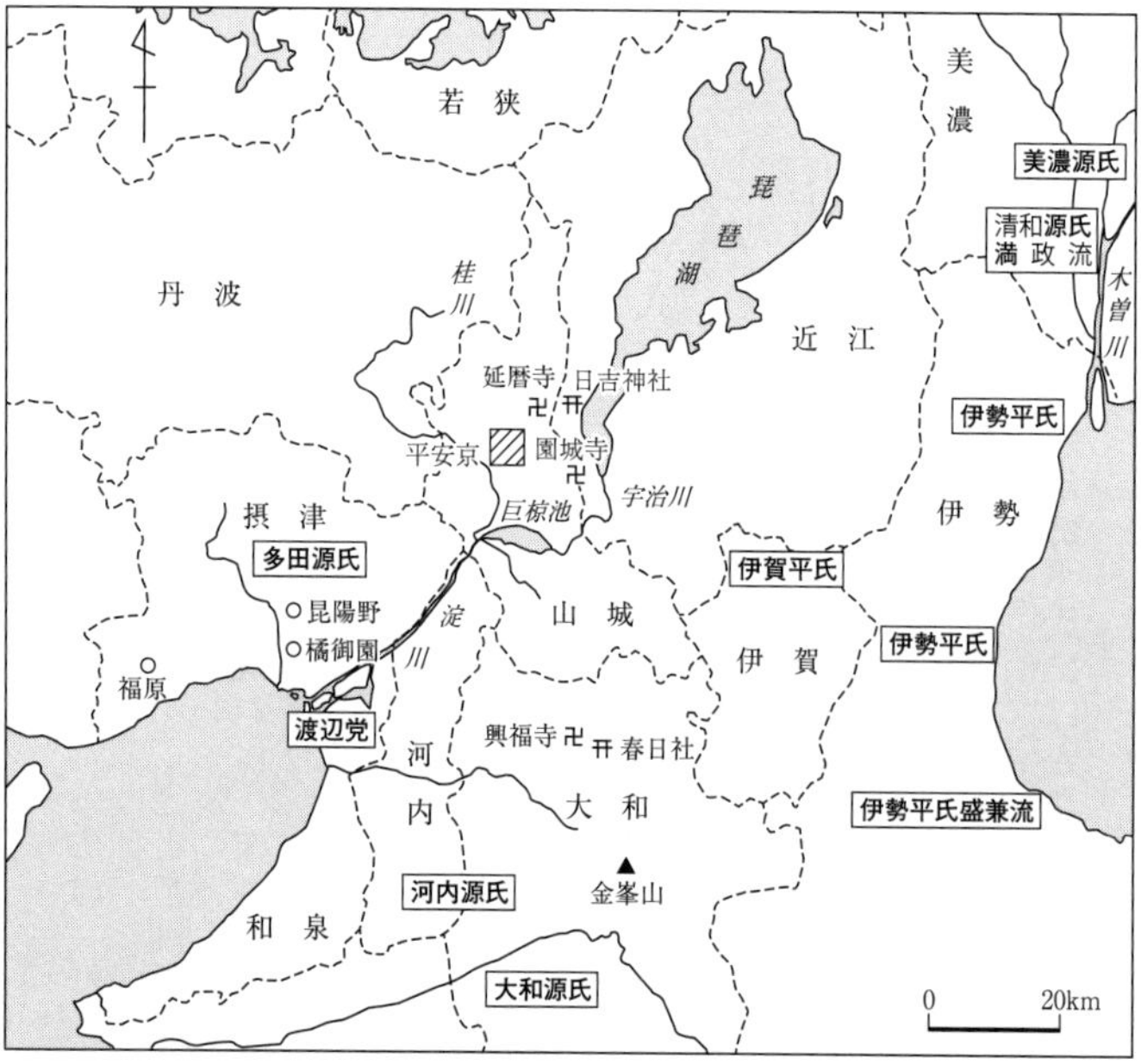
若狭
美濃
美濃源氏
清和源氏
満政流
琵琶湖
木曽川
丹波
桂川
近江
延暦寺
日吉神社
伊勢平氏
平安京
園城寺
宇治川
摂津
巨椋池
伊勢
多田源氏
伊賀平氏
昆陽野
淀川
山城
橘御園
伊勢平氏
伊賀
福原
渡辺党
河内
興福寺
春日社
大和
伊勢平氏盛兼流
金峯山
河内源氏
和泉
大和源氏
0
20km

畿内軍事貴族分布図

武門源氏の分立

一方、武門源氏でも、満仲の弟満政《みつまさ》流が近江・美濃方面に拠点を築く。満仲の息子たちでは、長男頼光《よりみつ》の系統が多田を継承して摂津源氏《せっつげんじ》となったのに対し、次男頼《より》親《ちか》は大和に、そして三男で頼義の父である頼信は河内に進出し、相次いで京の近郊に拠点を形成することになる。ただし、頼親も当初は摂津に拠点を有していたように、頼信も河内に独自の拠点を構築するのは、少し時代が下ってからと見られる。

満仲の息子たちが活動した時代は、まさに藤原道長によって築かれた摂関政治の極盛期に相当する。道長が権勢の頂点ともいうべき摂政に就任した長和《ちょうわ》五年（一〇一六）当時、頼義はすでに二九歳を迎えていたはずではあるが、まだ史料に登場することはなかった。以下では、道長全盛期における、頼義の父頼信の活動、その人物などを検討し、頼義登場の前提を考えることにしたい。

第三　父頼信の台頭

一　若き日の頼信

頼信の母

頼義の父、頼信《よりのぶ》は安和《あんな》の変の前年、安和元年（九六八）に生まれたとされる。母は『尊卑分脈《そんぴぶんみゃく》』によると藤原致忠《ふじわらのむねただ》の娘、もしくは致忠の父元方《もとかた》の娘とされる。「殺人の上手」等と揶揄された次兄頼親《よりちか》の母が致忠の娘とあること、元方はすでに天暦《てんりゃく》七年（九五三）に死去していること等を考え合わせると、頼信の母は致忠の娘であろう。同じ致忠の娘ということで、おそらくは頼親と同母と見られるが、長兄頼光《よりみつ》の場合と異なって、頼信が頼親と行動をともにしたとする説話等は残されていない。

藤原致忠の一族

致忠の父元方は、藤原南家《なんけ》出身の学者政治家ながら、辣腕《らつわん》を奮って大納言にまで昇進している。その娘を村上《むらかみ》天皇の女御《にょうご》に送りこみ、第一皇子広平《ひろひら》親王を儲け、外孫の即位目前にいたったが、天暦四年（九五〇）、右大臣藤原師輔《もろすけ》の娘安子《あんし》が生んだ憲平《のりひら》親王が立太子したために野望はついえ、それから三年後に失意のうちに亡くなったとされる。

その子致忠はもっぱら受領《ずりょう》等を歴任し、位階も従四位下にとどまっている。その弟信濃守陳忠《しなののかみのぶただ》は、「受領は倒れる所に土を掴め」という受領の強欲さを物語る『今昔物語集《こんじゃくものがたりしゅう》』巻二八―三八の有名な説話で知られる。致忠の子供、すなわち頼信の母の兄弟には、道長の家司《けいし》で武勇に優れた藤原保昌《やすまさ》、そして平安京を震撼させた大盗賊の袴垂《はかまだれ》こと保輔《やすすけ》がいた。致忠自身も殺人事件が原因で配流されるなど、一門には武勇と関係する性格が濃厚である。頼信はこうした血脈を継承していた

【頼信の母の一族系図】

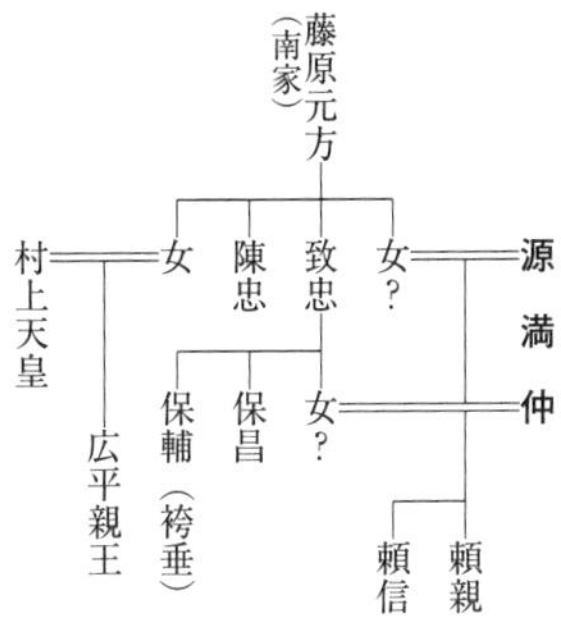

ことになる。ちなみに、武士的な性格をあまり表出させなかった長兄頼光の母は、嵯峨源氏《さがげんじ》出身で弁官《べんかん》をつとめた文官源俊《みなもとのすぐる》の娘であった。

頼信の最大の事績が、長元《ちょうげん》元年（一〇二八）における平忠常《たいらのただつね》の乱平定であることはいうまでもないが、ここでは乱にいたるまでの、道長の時代を中心とした頼信の活動について検討してみよう。頼義の生年を永延《えいえん》二年（九八八）とすれば、ちょうど頼義にとっては少年期から壮年期にかけての時期ということになる。

頼信の登場

頼信の史料初見は、『本朝世紀《ほんちょうせいき》』正暦《しょうりゃく》五年（九九四）三月六日条である。この日、「京中ならびに国々盗人捜」、すなわち大規模な犯罪者捜査である大索《おおあなくり》が行われ、頼信は官職とは無関係に、「武者」として、兄頼親・叔父満政《みつまさ》、桓武平氏《かんむへいし》貞盛《さだもり》の子維将《これまさ》らとともに特別に動員されていた。先述した将門《まさかど》の子の入京に際し、父満仲が武勇を評価されて検非違使《けびいし》等とは別個に動員されたのと同じ立場であり、彼がすでに武士として高い評価を受けていたことを物語る。

頼信と花山天皇退位事件

先にも述べたように、寛和《かんな》二年（九八六）、頼信が家人《けにん》として仕えることになる藤原

藤原道兼の家人

道兼《みちかね》を首謀者の一人とする、花山《かざん》天皇退位事件が勃発した。のちに頼信と道兼とが緊密な関係にあったことを考えれば、史料に彼の名前は明記されていないものの、天皇を内裏から山科《やましな》の元慶寺《がんぎようじ》まで護送した「源氏の武者たち」の一人が頼信であったことは疑いない。摂政藤原兼家《かねいえ》、その後継者道隆《みちたか》の政権の下で、頼信は京における有力な武士として頭角をあらわしつつあった。彼が宮廷に仕える修理命婦《しゆりのみようぶ》と結ばれ、長男頼義を得たのはちょうどそうした時期だったのである。

永祚《えいそ》二年（九九〇）に兼家が死去すると、長男の内大臣道隆《みちたか》が関白を継承する。頼信が道隆暗殺を口走ったとする『古事談《こじだん》』の説話はこの時のものと考えられる。兼家躍進の立役者だけに、道兼周辺に関白継承の期待があったのは事実と思われるが、彼は権大納言にすぎず、年齢も道隆より八歳若い。道隆の就任は当然であり、かりに道隆の暗殺を口走ったとしても、それは他愛のない笑い話の類と思われる。しかし、頼信が血気盛んな人物であったこと、そして道兼の家人として、彼の関白就任を期待していたことに相違はない。

二　道長の下で

藤原道隆・道兼の死去

道隆は、摂政就任から五年後の長徳《ちょうとく》元年（九九五）四月、四三歳の若さで死去し、右大臣として満を持していた道兼がついに念願の関白に就任した。しかし、この年に猛威を振るった疫病のために、彼は四月二七日の関白就任からわずか一〇日余りで世を去る運命にあった。道兼は五月二日に関白の慶賀を奏したものの、同月八日に死去してしまったことから、「七日関白」と称された。享年はわずか三五。頼信の感懐を直接伝える史料はないが、無念は想像に難くない。なお、後述するように、陸奥と深い関係を有した小一条家《こいちじょうけ》の大納言藤原済時《なりとき》も、四月二三日に死去している。

藤原道長と伊周・隆家

その後、権大納言であった道長が、姉で一条《いちじょう》天皇の母でもある東三条院詮子《ひがしさんじょういんせんし》の支援もあって、道隆の長男内大臣伊周《ないだいじんこれちか》を抑えて内覧に就任する。しかし、以後も伊周とその弟隆家《たかいえ》は道長と鋭く対立し、道長と伊周が仗座《じょうざ》で激論を交わしたほか、道長と隆家の従者が闘乱を引き起こし、さらに隆家の従者が道長の随身を殺害するにいたった。この抗争は、翌年四月に最終的な決着がつくことになる。正月、伊周・隆家等は、女性関係をめぐる誤解から花山法皇の一行を襲撃、法皇の袖に矢を射立てたばかりか童子を殺害するという不祥事を起こし、ついで三月には東三条院を呪詛したことが発覚、ついに伊周・隆家はともに配流されることとなった。

内裏の警護

【藤原道長関係系図】

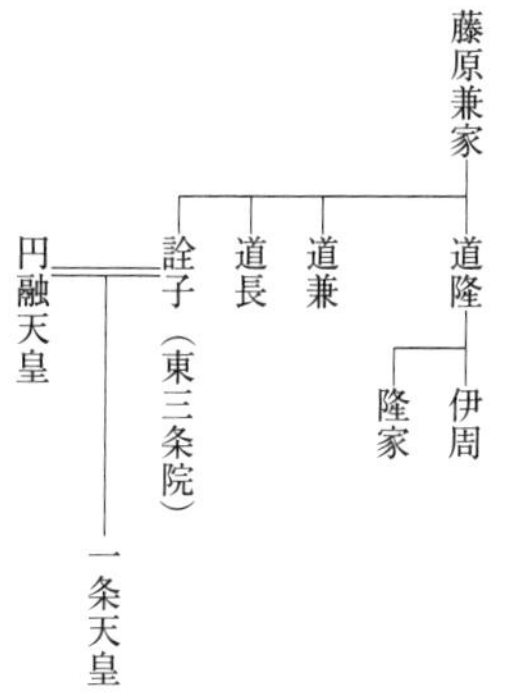

隆家は、のちに大宰権帥《だざいのごんのそち》として赴任した際に、女真族《じょしんぞく》の海賊刀伊《とい》の入寇《にゅうこう》を撃退したことで知られるように武勇に優れた公卿であり、しかも彼らは桓武平氏良兼《よしかね》流の平致光《たいらのむねみつ》等を組織していたことから、朝廷は厳戒態勢を取った。『大鏡《おおかがみ》』によると、その際に内裏を警護する武士として、平貞盛・源満仲の子孫、すなわち貞盛の養子維叙《これのぶ》、孫

の維時《これとき》、満仲の子頼光・頼親が招集されている。この時の内裏警護のほかには、いっさい武士としての事績が見えない頼光が登場するにもかかわらず、頼信の姿は見えない。急死した道兼に近侍していたために、道長と距離があった可能性は否定できないであろう。

道長への接近

その後、道長の政権が安定してきたこともあって、頼信は道長に接近を図ることになる。まず『御堂関白記《みどうかんぱくき》』長保《ちょうほう》元年（九九九）九月二日条によると、上野介《こうずけのすけ》在任中であった頼信は道長に馬五匹を贈り、そのうちの一匹は当時八歳の「田鶴《たづ》」（のちの頼通《よりみち》）に献じられている。とはいえ、同時期の兄たちに比べると、道長に対する奉仕の事例は僅少にとどまっている。たとえば、寛弘《かんこう》四年（一〇〇七）に道長が大和国《やまと》金峰山《きんぷせん》に参詣した際にも、大和守頼親が奉仕したのはもちろん、頼光も全行程に随行しているが、頼信の姿は見えない。

東国受領の歴任

次に頼信が道長に奉仕したことを示すのは、『御堂関白記』長和《ちょうわ》元年（一〇一二）閏一〇月二三日条である。これによると、前常陸介《さきのひたちのすけ》頼信が馬一〇匹を献上したとあり、献上した頭数が倍増している。後述する『今昔物語集』（巻二五―九）によると、頼信は平忠常を屈伏させて徴税を実現するなど、常陸の治国に成果を挙げていたようで、そのことが贈り物の増大とも関係したのであろうか。なお、上野・常陸は、上総とともに「親王任国《しんのうにんごく》」で、国守は親王が任命される名誉職であり、介が国務の最高責任者として受領の地位にあった。

頼信はその後、忠常の乱以前に伊勢守《いせのかみ》に就任している。主に東国の受領を三回経験したことになる。但馬・美濃・伊予等々の大国受領を歴任した長兄頼光はもちろん、三度の大和守をはじめ、淡路・伊勢・信濃・右馬頭《うまのかみ》等を歴任した次兄頼親よりも冷遇されていた感は否めない。ただ、東国受領を歴任し、東国武士の気風に接したことが、彼のその後の活動に大きな影響を与えることになる。

三　河内への進出

河内の拠点

頼信は、河内源氏《かわちげんじ》の祖とされる。先述のように、長兄頼光が摂津の所領を継承し、次兄頼親が大和に拠点を築いたのに対し、彼は河内に拠点を構築することになる。それが武門を代表する「河内源氏」という名前の由来ともなるのである。河内源氏の拠点とされるのは、大和川水系の石川に面し、国府推定地（現藤井寺市）にもほど近い石川郡壺井《いしかわぐんつぼい》付近（現羽曳野市）である。

この地は、のちに王家領石川荘《いしかわのしょう》となっており、鳥羽院政期には河内源氏嫡流の手を離れて、義家の六男義時《よしとき》に始まる石川源氏《いしかわげんじ》に伝領されていた。京で活動する嫡流に対し、彼らが本領や墓所を守っていたものと思われる。建永《けんえい》二年（一二〇七）の「僧深慶某寺領注進状」に引用された康治《こうじ》二年（一一四三）の注文によると、この当時、約七〇町の面積を有していた。

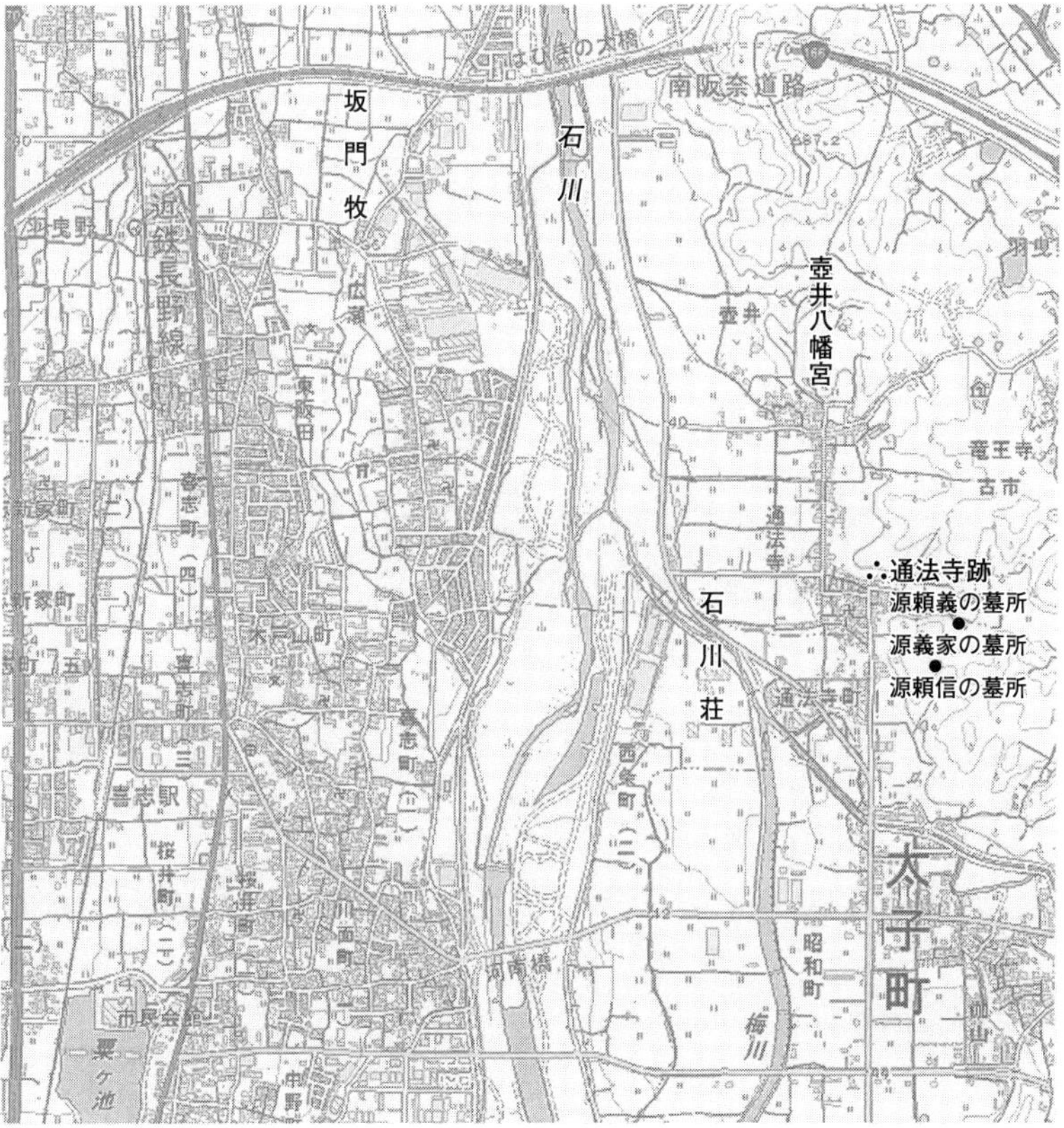

旧河内国石川（現大阪府羽曳野市壺井）周辺地図

通法寺は源氏三代の墓所となっている．

通法寺と壺井八幡宮

同地には、寺伝に長久《ちょうきゅう》四年（一〇四三）に頼義が建立したとされる通法寺《つうほうじ》、同じく頼義が石清水八幡《いわしみずはちまん》から勧請したとされる壺井八幡《つぼいはちまん》が存在し、鎌倉時代以来歴代幕府の保護を受けた。しかし明治の廃仏毀釈《はいぶつきしゃく》で通法寺が廃寺となったため、壺井八幡のみが現存し、頼信・頼義・義家という河内源氏三代の墓所も存在している。

河内進出の時期

壺井に所在する寺社は頼義の建立とされるが、河内進出自体は頼信の時代の出来事と考えられている。先述した「頼信告文《よりのぶこうもん》」に、頼信が永承《えいしょう》元年（一〇四六）に河内守《かわちのかみ》となったとあることから、受領就任を進出の契機とする説もある。しかし、国守就任からわずか二年後には死去しているし、すでに武士団を率いて活動していたことから考えて、河内の拠点はそれ以前に成立したと見るべきである。一方、江戸時代に編纂された『通法寺縁起』は、頼信の河内進出を寛仁《かんにん》四年（一〇二〇）とするが、同書ははるか後世の編纂であり、根拠も不明である。

摂関家領坂門牧

壺井に関して注意されるのは、近隣に摂関家領坂門《さかと》（戸）牧《まき》が存在したことである。この牧については、壺井に隣接する尺土《さかと》とする説と、大和川の対岸大県郡《おおがたぐん》（現

壺井八幡宮（羽曳野市教育委員会提供）

境内にある権現社に源頼信・頼義・義家の源氏三代を祀る．現八幡宮と権現社は，江戸時代に5代将軍徳川綱吉の命により再建され，1995年（平成7）に元禄期の姿に復元修理された．源氏三社（京都・六孫王社，摂津・多田社，河内・壺井宮）の一つとされる．

【坂門牧荘官関係系図】

藤原利仁――（二代略）――公則＝＝則経（文徳源氏）――則明

柏原市）とする説があるが、後者だとしてもわずかな距離であることに相違はない。道長最晩年の万寿《まんじゅ》四年（一〇二七）に、同牧の住人が隣接する右大臣藤原実《さね》資《すけ》の辛島牧《からしまのまき》と紛争を起こしており、道長の存命中に成立していたことが確認される。

『尊卑分脈』によると、その坂門牧の荘官藤原公則《きみのり》の養子として、頼信の郎従である文徳源《もんとくげん》氏《じ》の則経《のりつね》が迎えられたという。則経の子則明《のりあき》は、頼義の腹心中の腹心として、前九年合戦における最大の危機黄海《きのみ》合戦を、共に乗り越えた武将にほかならない。坂門牧と壺井における頼信の所領は、軍事的にも密接な関係にあったと見られる。詳細は不明確だが、頼信の河内進出に、坂門牧や摂関家が関係していたことを示唆する逸話ということはできるだろう。

道長と河内守

寛仁四年（一〇二〇）当時、河内守に在任していた藤原方正《かたまさ》、おそらくはその後任として治安《ちあん》元年（一〇二一）に河内守に就任する菅原為職《ためもと》は、ともに道長の家司《けいし》であり、摂関家と河内国が密接な関係を有したことがわかる。後述するように、治安元年には頼信の次男頼清《よりきよ》が家司・侍所別当として関白頼通に仕えており、頼信の一族が摂関家家産機構の中枢に関与していた。

こうしたことを考え合わせると、摂関家家司である受領の下で、頼信は摂関家の支援を受けながら河内に進出した可能性が高い。したがって、『通法寺縁起』の寛仁四年という記述も、あながちに荒唐無稽とは言えないと思われる。

第四　『今昔物語集』に見る頼信

一　頼信の武威と度量

頼信が登場する説話

『今昔物語集《こんじゃくものがたりしゅう》』巻二五には、武士に関する説話が一二話収められており、そのうち四話において、頼信《よりのぶ》は主役、あるいは重要な役割を果たす人物として登場している。『今昔物語集』の編者の頼信に対する深い畏敬が窺われる。その最初が「源頼信朝臣、平忠恒《たいらのただつね》を責むる語　第九」で、常陸介《ひたちのすけ》（受領《ずりょう》）の任にあった時の説話であるが、この「平忠恒」は平忠常《ただつね》であり、忠常の乱の前提となるものなので、これは後述に委ねたい。

他の三編の題名は以下のとおりである。

「頼信の言に依りて平貞道《さだみち》、人の頭を切る語　第十」
「藤原親孝《ふじわらのちかたか》、盗人がために質に捕らへられ、頼信の言に依りて免《ゆ》るす語　第十一」
「源頼信朝臣の男《むすこ》頼義《よりよし》、馬盗人を射殺す語　第十二」

以下では、順を追って紹介してゆくことにしよう。まず第十を取り上げる。

殺人の指示

ある時、頼信は兄頼光《よりみつ》邸での宴会において、頼光の家人《けにん》で相模から上洛していた武士平貞通に対し、衆人環視のなかで、しかも大声で駿河国《するがのくに》の無礼者の殺害を命じた。貞通にしてみれば、頼光の弟は主筋にあたるし、複数の主君と主従関係を結ぶことは当然とされた時代でもあったが、頼信とはまだ主従関係を締結してはいなかった。主従関係にない武士に、人前で殺人を命じた頼信に呆れた貞通は命令も忘れるが、駿河国で出会った無礼者に力量を侮られたことから、結局殺人を実行しその首を献上することになる。

東国武士と自力救済

この説話の背景には、東国における自力救済の横行が関係していた。すなわち、東国において、力量を侮られることは敵の攻撃を招き、ついには滅亡にいたる危険性さえも有していたのである。頼信は、力量に対する侮蔑を許さない東国武士の気質を知悉《ちしつ》しており、それを利用して無礼者を討ち果たしたうえに、貞通を心服させたことになる。

内容から判断して、頼信はすでに東国に下向した経験をもち、まだ若年であった時のことと考えられる。最初の東国受領である上野介《こうずけのすけ》、もしくはそれ以前に受領の郎従等として東国に下向したあとと思われる。おそらく、頼光の客人には摂関家の関係者も含まれていたことであろう。彼らは、頼信の強引な殺人の命令に呆れたが、結局東国武士を自在に操って無礼者を殺害したという情報を得て驚嘆・畏怖したに相違ない。こうしたことを見せつけることで、頼信は東国受領就任の機会を待っていたのであろう。

頼信の寛容

次の第十一「藤原親孝、盗人がために質に捕らへられ、頼信の言に依りて免るす語」は、頼信の寛容を物語る説話である。上野介在任中とあるので、在任が確認さ

【加藤氏系図】（『尊卑分脈』、（ ）内は筆者が補筆）

藤原利仁―（三代略）―貞正―┬親孝
　　　　　　　　　　　　　└正重―景道（通）―┬景季
　　　　　　　　　　　　　　　　　　　　　　└景清―（景員―）景廉

れる長保《ちょうほう》元年（九九九）前後のこととなる。上野国において、受領郎従として随行していた乳母子《めのとご》の藤原親孝の子を人質とした強盗を説得し、それに応じて降伏するや、馬に鞍を乗せ、食料まで与えて釈放したのである。反抗した者は許さないが、頼信の威厳に屈伏し降伏した者に寛容な姿勢を示したことになる。こうした度量が投降を促進し、紛争を迅速に解決した側面があったことは否めない。断固たる措置と寛容な態度とを巧みに使い分けたことに、坂東のように抗争が相次ぐ自力救済の世界で頼信が成功を収めた、もう一つの要因が存したのである。

藤原親孝とその子供

息子を人質とされた藤原親孝は、北陸道で発展した藤原利仁流《ふじわらのとしひとりゅう》の軍事貴族で、以後河内源氏累代の家人となる。後述するように、甥の景通《かげみち》は頼義側近として、黄《き》海《み》合戦で最後まで頼義に従った七騎の一人であった。また、その子孫には、伊勢に拠点をおきながら、平治の乱後に平氏の抑圧で東国に流浪し、頼朝挙兵に参戦した加藤景員《かとうかげかず》・景廉《かげかど》父子等がいる。頼信が、京において乳母関係等を利用しながら軍事貴族を組織化し、受領郎従等として起用しはじめたことが確認される。

頼信が上野国の受領に在任していた当時、頼義はまだ一〇代の前半であり、武力としてはまだ役立つことはなかったものと思われる。その頼義が頼もしく成長した姿を描いたのが第十二「源頼信朝臣の男《むすこ》頼義、馬盗人を射殺す語」である。

二　頼信・頼義の連携

馬盗人の殺害

第十二の説話の概要は以下のようなものであった。

頼信のもとに東国から駿馬が届けられた。これを聞きつけた頼義は、馬を貰おうと父の下を訪れる。息子の久しぶりの来訪を見て、頼信は馬が目当てであることを見抜く。一方、駿馬に目を付けた馬盗人は、豪雨に紛れて頼信の厩から駿馬を盗み出す。これに気づいた頼信は、かたわらに就寝する頼義に触れることなく、武装して単身追跡する。頼義もすぐさま武装して後を追う。逢坂山《おうさかやま》付近で追いついた頼信は、夜陰の中、頼義の有無を確認することなく、「射ヨ、彼レヤ」と一声。たちまち盗人は射殺され、馬を取り戻した両者は、駆けつけた郎従たちと館に帰った。翌朝、二人は事件について何ら会話を交わすこともなく、まるで何事もなかったかのように馬は頼義に与えられた。しかし、馬には立派な鞍が乗せられていたという。

この出来事について『今昔物語集』の作者は、「怪キ者共《どもの》心バヘ也カシ。兵《つわもの》ノ心バヘハ此《か》ク有ケルトナム伝ヘタリケルトヤ」と、貴族社会から大きく逸脱した武士の異様な行動に対し、畏怖の言葉を述べて説話を締めくくっている。

無言のうちに馬盗人の侵入に対応した頼信・頼義父子の信頼と連携、つねに非常事態に備え、侵入した盗賊を討伐することを当然とする、武士たちの心構えの厳しさ等を物語る説話である。それは畏怖の対象ではあるが、同時に貴族社会を守る武士たちに対する頼もしさをも意味している。むろん説話であるから、事実を正確に伝えるものではないが、ここからいくつか興味深い情報を読み取ることもできよう。

武芸の評価

先述の『中外抄《ちゅうがいしょう》』の記述のように、頼信は頼義を武人として高く評価していた。おそらく、幼いころから厳しく武芸の鍛練を行ったのであろう。その結果、この説話にあるような深い信頼に基づく、まさに以心伝心ともいうべき行動が可能となったものと考えられる。頼信にとって、頼義は武芸の後継者であるとともに、京における軍事・警察活動はもちろん、『陸奥話記《むつわき》』に平忠常の乱追討に頼義が随行したとあるように、地方における大規模な軍事行動の協力者でもあった。また、追討にいたらなくとも、軍事貴族にとって、受領として下向する際に息子が重要な武力となったことはいうまでもない。後述するように、陸奥守として赴任した頼義は、義《よし》家《いえ》・義綱《よしつな》を伴っている。

父を凌ぐ弓射の技量

一方、追いついた犯人の射殺を頼義に命じたことは、すでに弓射の力量において、頼義が頼信を凌駕していたことを物語る。頼信も頼義を弓矢の達人と認めていたのであろう。『陸奥話記』には、平忠常の乱平定後、小一条院《こいちじょういん》の判官代《ほうがんだい》に補任《ぶにん》された頼義が、狩猟の場において院に見事な射芸を披露した逸話があるが、ともに頼義の弓矢の卓越した技量を示すものである。

また、頼義は、久しく父のもとを来訪していなかったとあるので、すでに長じて独自の家族・邸宅を有していたことが窺われる。頼信は、自ら犯人を追跡する体力はあったものの、弓矢の技量で頼義に凌駕されていたことから、すでに壮年期を過ぎつつあったと見られる。おそらく平忠常の乱以前、頼信が四〇代、頼義が二〇代のころ、すなわち頼信が常陸介の任を終えた時期の出来事と想定できるのではないだろうか。

郎等の合流

なお、この事件は京の頼信邸で発生している。彼の邸宅の所在地は不明であるが、頼義・義家等の邸宅の近隣とすれば、六条堀河《ろくじょうほりかわ》・西洞院《にしのとういん》付近と考えられる。そこから逢坂山まで追撃したことになる。その間に郎等二、三〇騎が合流したとあり、付近に武士団が居住していたことが判明する。緊急事態に際して主君がいきなり出撃し、郎等が次第に合流してゆく有様は、美濃源氏《みのげんじ》の国房《くにふさ》を攻撃した義家を描いた

『古事談《こじだん》』（四―一七）の説話にも見える。この時、三騎で京を出た義家は、二五騎で美濃にある国房の館を攻撃したとされる。当時の軍事貴族は、一朝事があれば、たちまちのうちに、この程度の規模の武士団を集合させることができたのである。

三　「平忠恒」の屈伏

頼信と忠常

最後に、「源頼信朝臣、平忠恒を責むる語　第九」を取り上げよう。この説話は、常陸介（常陸の受領）時代に、平忠恒、すなわち平忠常を屈伏させた事件を取り上げたもので、のちの平忠常の乱平定の前提となる出来事を伝えるものである。先述のように、頼信は長和《ちょうわ》元年（一〇一二）に「前常陸介《さきの》」とあるので、その数年前の事件ということになる。

武力の動員

事件の概要は以下のようなものであった。下総の豪族平忠常は、常陸国内にも私領を有しながら、税を納入しようとしなかった。そこで常陸の受領である介頼信は討伐を決意し、国内の武士を動員することになる。当初は難色を示した同国の豪族平惟基《たいらのこれもと》も三〇〇〇騎を率いて、「館ノ兵共」「其国ノ兵共」二〇〇〇騎を率いる頼信に合流した。

「家ノ伝へ」

これに対して忠常は、「先祖ノ敵」である惟基のいる前で頼信に屈伏するわけにはいかないとして降伏を拒絶、さらに常陸・下総の間の内海にある船をすべて隠し、頼信の渡海を妨害した。ところが、頼信は「家ノ伝へ」で内海に浅瀬が存在することを知っており、たちまちに忠常の館に殺到したのである。これに仰天した忠常は降伏、名簿《みょうぶ》を提出して頼信に臣従したため、頼信はそれ以上の攻撃を避けて帰国した。

常陸の武士たちは、自分たちもほとんど知らなかった浅瀬の存在を利用して忠常を屈伏させた頼信を「艶《えも》ズ極《いみじ》ノ兵也ケリト知テ、皆人弥《いよい》ヨ恐《お》ヂ怖レ」、さらに頼信の子孫も朝廷に仕えて繁栄していると説話は結ばれている。

忠常に対する寛容

ここでも頼信は、自身に逆らう者を断固として攻撃する一方、降伏した者には寛大な対応を示している。頼信の威に服した忠常は家人となり、のちの忠常の乱における降伏につながることになる。ここで忠常をさらに攻撃すれば、仇敵平惟基との抗争を惹起し、激しい抵抗や大きな遺恨を生じて抗争が泥沼化した可能性もある。犠牲を出さずに事態を調停・収拾した、頼信の受領としての有能さを物語る。

国衙軍制

また、この説話は、国衙軍制の実態を示す史料として著名である。軍事貴族である頼信といえども、京から随行した武力はごくわずかなものにすぎず、軍事的な行動を起こす場合には、地元の豪族の協力が不可欠であったことがわかる。圧倒的な武力を誇る平惟基の協力の有無が成否を決めたことになるが、頼信は惟基と忠常とが仇敵の間柄であることから、惟基の協力を確信し、忠常攻撃に踏み切ったものと考えられる。惟基の参戦によって、「国ノ兵」と称される中小の武士団も相次いで参戦したのである。

平惟基の一族

惟基は、平貞盛の弟繁盛《しげもり》の子で、系図などでは維幹と称される。左衛門大夫とあるように、京で左衛門府につとめ、その功労で叙爵した人物で、長保元年（九九九）に

【忠常と惟基関係系図】

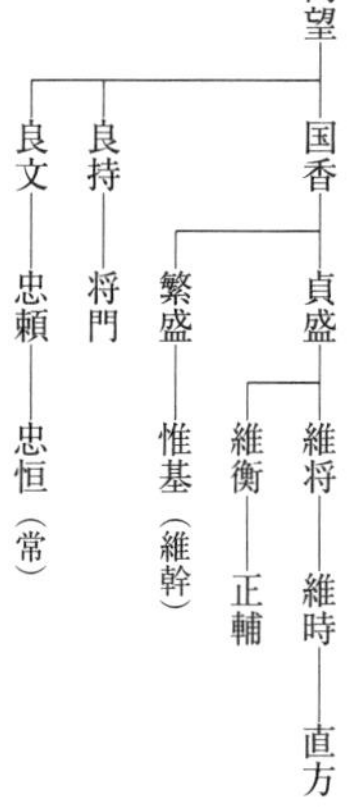

は常陸介に就任したことが確認される軍事貴族であり、その子孫は常陸の有力在庁官人大掾氏《だいじょうし》となる。また、維幹の甥と見られる維良《これよし》は、長和三年（一〇一四）から同五年にかけて、鎮守府将軍《ちんじゅふしょうぐん》に就任したことが確認されるように、陸奥に進出した武将で、『今昔物語集』に登場する平維茂《これもち》と同一人物と見られている。

平忠常の系統

一方、忠恒、すなわち忠常の祖父良文《よしふみ》は、国香《くにか》の弟で、貞盛・将門の叔父にあたる。将門の乱で貞盛を支援せず、乱後にその子忠頼と繁盛とが衝突するなど、坂東の支配をめぐって貞盛流と抗争を繰り広げ、世代を越えた対立が継続していた。その維幹の協力を求めた点に、追討の自力救済的な要素が看取される。

浅瀬の存在

この説話で最も印象的な点は、頼信が浅瀬の存在を知っていたことである。このことは、軍事貴族の家に集積された、軍事的知識の豊富さと、それが地方武士を圧倒し畏敬を招いたことを物語る。京から下向した平高望《たかもち》らが群党らを従属させ、組織していった様子を彷彿とさせる出来事といえる。

頼義は当時二〇代半ば、まだ受領に就任する前でもあり、頼信に随行して常陸に下向していたのではないだろうか。おそらく、鮮やかに事態を収拾した頼信の活躍を目に焼き付けていたことであろう。それから二〇年近くの歳月を経て、頼信・頼義父子は再び平忠常と対峙することになる。平忠常の乱である。

第五　平忠常の乱

一　忠常の蜂起と追討使

平忠常の蜂起

万寿《まんじゅ》四年（一〇二七）一二月、権勢を極めた藤原道長《ふじわらのみちなが》が死去した。その子頼通《よりみち》の政権が本格的に船出しようとした翌年六月、衝撃的な事件が勃発した。安房国府が焼打ちされて国守平惟忠《たいらのこれただ》が焼死したというのである。犯人は、かつて頼信《よりのぶ》に屈伏した下総の豪族平忠常《ただつね》とその息子常昌《つねまさ》等であった。

国衙《こくが》は襲撃しているものの、彼らは朝廷への貢物を妨害しておらず、反乱までは意図していなかったとされる。さらに、当時右大臣で、かつては道長にも対抗した藤原実資《さねすけ》の日記『小右記《しょうゆうき》』によると、忠常は蜂起直後に、関白頼通の弟内大臣教《のり》通《みち》、妹婿の大納言　源《みなもとのもろふさ》師房らに書状を送っており、追討回避を画策していたらしい（長元元年八月四日、八日条等）。このように中央政界と強い関係を有したことから、前年の道長死去にともなう朝廷の混乱を利用した蜂起の可能性が高いと見られている。

追討使の人選

しかし、関白頼通は反乱と認定し、追討使の人選を行うことになる。国衙が襲撃され国守が殺されたのであるから、反乱の認定は当然のことであるし、さらに頼通にしてみれば、政権の門出を反乱で汚されたこと、忠常があまり良好な関係とはいえない弟教通に仕えていたことなども、厳しい措置に関係したものと考えられる。

六月二一日、追討使の人選が陣定《じんのさだめ》で行われた。陣定とは、この時代に国政上の重要事を審議した公卿会議である。ここで出された公卿たちの意見は、天皇と関白、天皇幼少の時には摂政による決裁を受けることになっていた。『小右記』の目録である『小記目録《しょうきもくろく》』によると、この時に追討使の候補となったのは、河内源氏の源頼信、桓武平氏の平正輔《まさすけ》・同直方《なおかた》、そして明法官人《みょうほうかんじん》の中原成通《なかはらのなりみち》等であった。残念ながら『小右記』の本文は残っていないが、公卿会議である陣定の様子や、ことの顛末については、宇多源氏《うだげんじ》出身の能吏源経頼《つねより》の日記『左経記《さけいき》』に詳しい記事が残っている。

頼信の推挙

陣定に際し、右大臣藤原実資以下の公卿は「事に堪《た》ゆ」として頼信を推挙した。陣定からの推挙を最終的に決裁するのは、時の後一条《ごいちじょう》天皇と、補佐役の関白頼通との二人であった。当時まだ二一歳であった天皇より、三六歳の壮年を迎えていた関白の発言力が勝っていたのはいうまでもない。その結論は意外なものであった。追討使に選ばれたのは頼信ではなく、検非違使《けびいし》平直方と、同じく検非違使で明法家の中原成通の二人だったのである。陣定の決定を関白が覆すことは滅多にないことであった。

平直方の立場

直方は父維時《これとき》以下、一族とともに頼通に家人《けにん》として伺候していた。それも一因ではあるが、頼信とて関白頼通《よりみち》との関係が疎遠であったわけではない。すでに触れたように、この数年前から、頼信の息子頼清《よりきよ》が頼通の家司《けいし》・侍所別当《さむらいどころべっとう》の要職をつとめていたのである。おそらく頼通は、頼信が忠常を臣従させていたために、忠常を庇って事件をうやむやにする恐れがあると見たのではないだろうか。自身の政権の門出を台無しにした事件を、頼通は絶対に許せなかったのである。

追討の私闘的側面

さらに、野口実氏が指摘したとおり、追討に私闘の側面があったことにも注目せねばならない（『坂東武士団の成立と発展』）。直方は貞盛《さだもり》の直系の曾孫で、先の維幹《これもと》と同様、忠常を先祖以来の仇敵とする武将であった。直方一族は、忠常を打倒する好機と見て、追討使起用に際し、頼通に対する強い働きかけを行ったものと推察される。文官の成通が起用された原因は、むろん武力が期待されたためではなく、検非違使という官職が重視されたためと見られるが、同時に追討の監視など、こうした私闘としての側面を糊塗する目的もあったのではないだろうか。かくして八月五日、追討使直方・成通は随兵二〇〇人余りを率いて進発することになる。

二　忠常の乱と鎮守府将軍

追討の難航

勇躍出立した追討使ではあったが、直後に中原成通は帰京を要請する有様で、翌年には解任されている。文官だけに戦闘に恐怖したとも考えられるが、同時に平直方の私闘目的の追討を忌避したのかもしれない。さらに、早くも追討使下向から一年も経たない長元《ちようげん》二年（一〇二九）六月には、詳細は不明だが直方更迭の議があったという。もともと公卿たちの反対を押し切った強引な人事だけに、忠常の激しい抵抗を受けて追討が難航したために、解任の声が挙がったのであろう。その翌年に、頼信が甲斐守《かいのかみ》に補任《ぶにん》されているが、これは後述するように追討使起用のお膳立てと考えられる。

とはいえ、頼通は直方による追討に固執する。直方の父維時を上総介《かずさのすけ》、維時の従兄弟と見られる正輔《まさすけ》を安房守《あわのかみ》と、一族を相次いで周辺の受領《ずりよう》に起用し、直方の支援を行うにいたった。しかし、正輔は、伊勢で私闘に明け暮れて支援に赴かなかったうえに、先祖の敵直方の一族を相手とする私闘という性格が、忠常の抵抗を増大させることになる。乱が終結してから三年後の記録では、元は二万二九八〇町余りあった上総国の水田が、わずか一八町余りに激減したという。むろん数値には誇張が含まれると思われるが、荒廃が激甚であったことは疑いない（『左経記』長元七年一〇月二四日条）。

頼信の起用

翌長元三年になると、さすがの忠常も勢力の減衰を隠せず、六月には藤原秀郷《ひでさと》流《りゅう》の武将と見られる兼光《かねみつ》なる人物を通して、忠常は直方に雑物《ぞうもつ》を「志す」、すなわち贈り物をするにいたった（『小右記』六月二三日条）。すでに戦意を低下させた忠常が直方と交渉し、降伏の前提として主君頼信の出馬を依頼したのであろう。翌七月に直方は追討使を解任され、九月に頼信が追討使に起用されることになる。

藤原兼光

雑物を取り次いだ兼光は、当時姿を晦ましていた忠常の所在を知っていたとされ、忠常側に立つ武将であったと考えられる。秀郷流の藤原兼光とすれば、彼は一一世紀初頭に鎮守府《ちんじゅふ》将軍《しょうぐん》を経験しており、その子頼行《よりゆき》も万寿四年（一〇二七）まで鎮守府将軍に在任している。このことで注目されるのは、彼らが鎮守府将軍をめぐって、桓武《かんむ》平氏《へいし》貞盛流《さだもりりゅう》と激しく対立していた点である。

【藤原秀郷流系図】

秀郷流と貞盛流

先にも触れたが、平繁盛の子維良《これよし》が兼光に代わり、長和《ちょうわ》三年（一〇一四）以前から同五年にかけて鎮守府将軍に在任し、従兄弟維叙《これのぶ》の養子永盛《ながもり》がこれを継いでいる。元来、兼光以前の一〇世紀には、秀郷流の武将が相次いで鎮守府将軍に就任していたから、貞盛流がこれを奪った形となった。それを頼行が奪回したのであるから、二つの一族の競合は激しいものであったと考えられる。

平維茂と藤原諸任

『今昔物語集《こんじゃくものがたりしゅう》』巻二五—五に「平維茂《これもち》、藤原諸任《もろとう》を罰《う》つ語」という劇的な説話がある。一〇世紀末の陸奥において、桓武平氏貞盛流の平維茂が藤原秀郷の孫とされる藤原諸任と衝突し、奇襲を受けたものの九死に一生を得て、逆に勝利に油断した諸任を滅ぼすという内容である。先述のように維茂が維良と同一人物とされるのに対し、諸任については実在が確認されておらず、どこまで史実に基づく説話なのかは不明確であるが、この時期における秀郷流と貞盛流との対立の深刻さを物語る説話といえる。

長和三年二月、鎮守府将軍重任《ちようにん》を目指した維良が、道長に対して馬二〇匹をはじめ、鷲羽・砂金以下莫大な貢物を贈り、藤原実資を慨嘆させたのも、秀郷流との競合の所産である。こうしてみれば、直方以下の貞盛流と戦う忠常に対し、敵を同じくする兼光が味方するのも当然であった。

鎮守府将軍の不在

ここで注目されるのは、藤原頼行《よりゆき》を最後として天喜《てんぎ》元年(一〇五三)の源頼義にいたるまで、しばらく鎮守府将軍の補任が途絶えることである。その一因として、寛仁《かんにん》二年(一〇一八)に、道長側近の陸奥守藤原貞仲《さだなか》と平維良とが合戦を惹起《じやっき》したように、陸奥守と鎮守府将軍とが、権限をめぐって軋轢を生じていたことが指摘されている。しかし、その後も維良の一族永盛、そして頼行が鎮守府将軍に補任されており、受領との対立が深刻化していたとはにわかに考えがたい。むしろ、頼行の在任中に忠常の乱が勃発し、あたかも忠常の乱の勃発を境目とするように、鎮守府将軍不在となったことが重要である。鎮守府将軍補任の途絶には、やはり忠常の乱も影響を及ぼしていたと見られる。

貞盛流・秀郷流の打撃

忠常の追討に際し、貞盛流では一門を挙げた協力が見られた。史料上で確認することはできないが、乱地に隣接する常陸平氏等が協力したことは当然と考えられる。この結果、貞盛流が忠常の乱鎮圧に忙殺され、鎮守府将軍補任の工作が困難となったのではないか。一方の秀郷流も、頼行の父兼光が謀叛人忠常を支援しており、中央における政治的立場を悪化させたものと見られる。鎮守府将軍をめぐって競合してきた平貞盛・藤原秀郷両系統は、忠常の乱で大きな打撃を受けたことになる。

藤原頼行を最後に、鎮守府将軍の補任が一時的に消滅した原因は、郡司安倍氏の台頭等とともに、貞盛流・秀郷流の打撃にあったと考えられる。

三　乱の終結

甲斐守への補任

頼信は、すでに長元三年（一〇三〇）段階で甲斐守に補任されていた。源義親《よしちか》の乱における因幡守《いなばのかみ》平正盛《たいらのまさもり》のように、乱が勃発した地域の近隣の受領が追討使に起用されることが多い。頼信の甲斐守補任には、追討使起用のお膳立てという意味があった。同年、彼は現地に下向している（『左経記』長元四年六月一一日条）。

頼義の同行

『陸奥話記』によると、頼信が甲斐国に下向する際に長男頼義も同行し、「軍旅にあるの間、勇決は群を抜き、才気は世に被《こうぶ》りぬ」という活躍を示し、多くの東国武士を従者としたという。頼信から武士として高く評価されている頼義が、父の武的な補佐役として随行するのも当然といえる。ただ、貴族の日記などの記録には、彼の下向を物語る記述がない。そればかりか、「不慮の外、忠常帰降」（『小右記』長元四年七月一日条）とあるように、忠常は戦わずして降伏しており、合戦自体も行われなかったのである。頼義が戦場で「勇決」や「才気」を東国武士に示す機会はなかったことになる。

追討使の交代

頼信は、下向に際し僧となっていた忠常の子を随行させており（『左経記』長元四年六月一一日条）、当初から降伏に関する交渉を行う心づもりであったと見られる。先述のように、忠常はすでに勢力も衰え、長元三年六月には平直方に雑物を贈っており、和平交渉の意思をひそかに伝えたと見られる。おそらく、仇敵直方に代わって主君頼信が追討使に起用されれば面子が保たれるとして、降伏を示唆したのであろう。そして九月、頼信が追討使に補任され、坂東諸国の国司とともに忠常を追討することを命じられた。

結果的に直方の更迭、頼信の登用ということになり、直方が面目を失ったことになるが、この交代には両者の連携も影響したのではないだろうか。頼信と直方は、ともに頼通の家人であり、しかも乱の平定後に頼信の長男頼義と直方の娘の婚姻も成立している。たしかに追討使の起用等をめぐって軋轢は存したと考えられるが、けっして両者は決定的に対立していたわけではなく、追討使交代に際し両者の協議が存した可能性もある。忠常の意向を伝えられた頼信は、当初から和平を目的として下向したものと考えられる。

忠常の降伏と病死

頼信から、最終的に忠常が降伏し、彼を伴って京に向かったことが朝廷に伝えられたのは、長元四年六月七日のことであった。一一日には、すでに重病に冒されていた忠常が、上洛の途中、美濃国厚見郡《あつみぐん》で死去したという報告が届けられた。このため、朝廷は実検使を派遣している（以上『左経記』）。

『左経記』六月二七日条によると、ついで朝廷で問題となったのは、頼信に恩賞を与えるか否か、そして忠常の息子常昌・常近を追討するのか否かの二点であった。頼信の恩賞の有無が問題となったのは、合戦がなかったためであろう。むろん、頼信の功績は認められ、後述するように美濃守に補任されることになる。

忠常息の赦免

一方、忠常の息子の処遇については、追討を主張する意見もあったが、すでに長年の合戦で房総半島が疲弊していて、これ以上の追討が困難であること、首謀者は忠常であり息子は従犯にすぎないこと、囚人でも父の喪に服した者は赦免されるので、父忠常の喪に服した息子は赦免すべきである等々の理由で、結局追討は沙汰止みとなった。この時許された常昌は、史料では常将・経政とも記されており、その子孫は房総半島で大きく発展し、上総介《かずさのすけ》氏・千葉《ちば》氏となる。一五〇年後の頼朝挙兵に参戦する上総介広常《ひろつね》・千葉常胤《つねたね》は、常昌の子孫にほかならない。野口実氏は、常昌等に対する追討免除の背景には、おそらく頼信から朝廷に対する働きかけがあったと推測する（『坂東武士団と鎌倉』）。権威を認めて降伏した者には寛大であった頼信らしい措置といえよう。

第六　頼信一門への恩賞

一　美濃守頼信

美濃守補任

頼信《よりのぶ》は長元《ちょうげん》四年（一〇三一）七月一日に上洛し、頭弁《とうのべん》藤原《ふじわらの》経任《つねとう》から恩賞を与えるという宣旨を伝えられた。これに対し、彼は「衰老」を理由に遠任に赴きがたいとして、京に隣接する丹波守《たんばのかみ》を望んだ。しかし九月一八日には、右大臣藤原実資《さねすけ》に対し権僧正尋円《ごんのそうじょうじんえん》を通して、丹波守に代えて美濃守《みののかみ》補任を希望する旨を要請している。頼信が恩賞について実資に申し入れた背景には、追討使人事等をめぐり関白頼通《よりみち》との関係が若干ぎくしゃくした面があった可能性はある。ただ、後述するように次男頼清《よりきよ》は頼通に仕えており、頼通と頼信との関係が険悪であったわけではない。

母の墓所

頼信が美濃守を望んだ表向きの理由は、美濃国には母の遺骸があり、その菩提を弔うためとしている。頼信の母は、先述した藤原致忠《むねただ》の娘で、その遺骸が美濃にある理由は定かではないが、満仲《みつなか》は武蔵権守《むさしごんのかみ》等、東国国司の経験があるため、国司として東国に下向した満仲に同行し、下向、あるいは上洛の間に没したのかもしれない。

しかし尋円は、坂東の者が頼信に多く従っているので、美濃は坂東との行き来に便利なためであろうという推測を実資に伝えている（以上『小右記』長元四年九月一八日条）。忠常《ただつね》の乱平定や、甲斐国支配等を通して、頼信は東国にさらに多くの家人《けにん》を獲得したものと考えられる。彼らと連絡を取り合うためにも、東国に近い美濃は望ましい国であったに相違ない。

富裕な美濃国

さらに、ほかにも頼信には美濃守を希望する目的が存したと考えられる。その一つは美濃の富裕さと政治的権威であった。兄頼光《よりみつ》は、長保《ちょうほ》三年（一〇〇一）、長和《ちょうわ》四年（一〇一五）の二度、美濃守に在任したことが確認される。そして、二度目の美濃守の際には、宮中の財宝を管理する内蔵頭《くらのかみ》をも兼任している。内蔵頭は莫大な財力を必要とする役職であり、美濃守の富裕さを裏付けるものといえる。同時に、本来内蔵頭はおおむね公卿が就任してきた役職だけに、美濃守が高い政治的権威を有したことをも意味する。そして、頼光は美濃守に続いて受領《ずりよう》の最高峰とされる伊予守《いよのかみ》に遷任することになるのである。

美濃国への進出

頼信には、美濃守を基盤として莫大な財産を築き、輝かしい経歴を残した兄頼光の後を追うという意識もあったと考えられる。頼信は長元五年（一〇三二）二月に美濃守に就任し、一期四年間その任をつとめたが、その後は晩年に河内守に就任したとされるものの、兄頼光のように他の受領を歴任することはなかった。しかし、頼信は美濃国に大きな足跡を残すことになる。すなわち、美濃国に軍事的な拠点を形成したのである。ここに、彼があえて美濃守を選んだもう一つの理由があったのではないだろうか。

頼信は美濃国西部の池田《いけだ》郡司紀維貞《きのこれさだ》を婿に迎えており、維貞の子公貞《きみさだ》は前九年合《ぜんくねんかつ》

源頼信墓所(〈大阪府南河内郡〉太子町観光・まちづくり協会提供)

戦《せん》で頼義・義家に従ったとされる(『尊卑分脈《そんぴぶんみゃく》』)。同国の中央部にある席田《むしろた》郡の郡司守部《もりべ》氏も、藤原氏の養子となった資清《すけきよ》が頼義の郎等となり、以後代々の乳母を輩出する河内源氏第一の腹心首藤《すどう》氏となっている。このような結合も、頼信の進出が前提となっていたものと考えられる。さらに、時代は下るが、不破《ふわ》郡《ぐん》青《あお》墓宿《はかのしゆく》の内記《ないき》氏も、義家の後継者為《ため》義《よし》の腹心となっており、河内源氏は東国との交通の結節点をも掌握する。こうして、京への軍事動員にも好適な美濃国は、本領河内国に匹敵する軍事基盤となったのである。
反面、河内源氏と同様に、美濃国に目を付ける軍事貴族は少なくなかった。満仲の弟満政《みつまさ》、そして頼光《よりみつ》の孫国房《くにふさ》に始まる美濃源氏《みのげんじ》である。河内源氏は、この両者と軋轢を生じ、特に美濃源氏との間では、世代を超えて抗争を繰り返すことになる。

頼信の死去

美濃守の任を終えた後の頼信については、先にも触れた「告文《こうもん》」を石清水八幡宮《いわしみずはちまんぐう》、もしくは誉田八幡宮《こんだはちまんぐう》に奉納したとされること、そのなかで永承《えいしょう》元年（一〇四六）に河内《かわち》守《かみ》に就任したとされることを除いて、事績は判明しない。『尊卑分脈』等では、二年後の永承三年に頼信は八一年の生涯を終えたとされる。河内源氏発展の基礎を築いて長寿を全うしたことになる。

二　子息たちの処遇

安芸守頼清

次に、頼信の子供たちに対する朝廷の処遇を見てゆくことにしよう。頼信が平《たいらの》忠常《ただつね》と降伏に関する交渉を行っていたと見られる長元四年（一〇三一）三月、新任の安《あ》芸守《きのかみ》源《みなもとの》頼清《よりきよ》が任国に向けて出立した。頼清は頼信の次男で、先述のように藤原忠実《ただざね》の談話集『中外抄《ちゅうがいしょう》』で、かつて頼信が関白頼通に対し、蔵人として用いることを勧めたとされる人物である。彼は初めての受領任用と考えられるが、山陽道の熟国《じゅくこく》（税収の豊かな国）である安芸の受領《ずりょう》補任はかなりの抜擢であったといえる。

補任の背景

補任当時、父頼信が東国にあって忠常の乱鎮圧を目前にしていたことを考え合わせると、いくつか興味深い事実が浮き彫りになる。まず注目されるのは、忠常の乱終息の目処がたった時期に、頼信の息子が受領に補任されたことである。乱鎮圧の正式な恩賞ではないが、頼信やその一族に対する報奨という性格があったことは疑いない。頼通は、追討使の人事に際して、周囲の声に反して頼信を排除し平直方を起用したが、結局は頼信に鎮圧を依頼する結果となった。頼清の抜擢には、そのことに対する埋め合わせという意味合いがあったものと考えられる。

文官頼清の抜擢

また、詳細は後述するが、治安《ちあん》元年（一〇二一）以前から頼清は頼通の家司《けいし》をつとめ、頼通とは緊密な関係にあった。そのことが、乱の終息前に破格の人事が行われた原因であろう。また、兄頼義が父とともに忠常の乱鎮圧に下向していたのに対し、頼清は在京していたことになる。戦闘に参加する武人頼義に対し、摂関家家産機構に仕える文官頼清という性格が明瞭に看取される。しかも、兄頼義は忠常の乱後の恩賞でも受領に就任した形跡はなく、彼が最初の受領である相模守に就任するのが、長元九年（一〇三六）であるから、昇進という点でも、頼清は兄を大きく凌駕していたことになる。武官・文官という性格の相違とともに、二人の官歴については次章で詳しく検討することにしたい。

小一条院判官代

一方、父と戦地に赴いた頼義はどのように処遇されたのか。頼義の恩賞を記した記録は残っていないが、『陸奥話記《むつわき》』は、小一条院《こいちじょういん》の判官代《ほうがんだい》に補任され、狩猟の場で抜群の技量を発揮したとし、『古今著聞集《ここんちょもんじゅう》』（巻九武勇一二）には、小一条院が「頼義を身を放たでもたりける」とあって、頼義が院の深い信任を受け、側近として近侍したことが窺われる。さらに『陸奥話記』によると、頼義の技量に惚れ込んだ平直方《なおかた》が娘との婚姻を申し入れ、さらに判官代の労で相模守に補任されたと述べている。小一条院の判官代補任の時期は不明確であるが、おそらくはこの補任が、忠常の乱における頼義に対する恩賞であり、その後の彼の躍進をもたらすきっかけとなったと考えられる。

【小一条院系図】

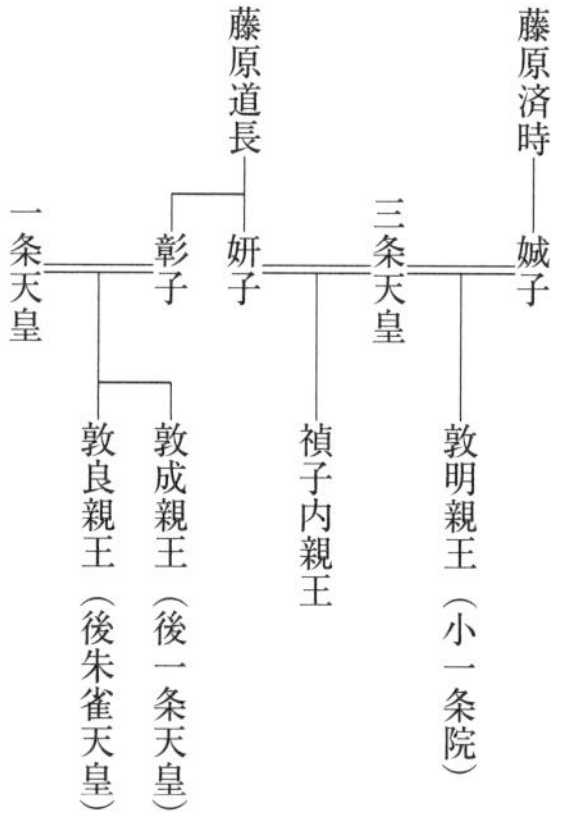

敦明親王

小一条院とは、三条《さんじょう》天皇の皇子で、一時は東宮《とうぐう》にも立てられた敦明《あつあきら》親王である。彼の母藤原娍子《せいし》は、大納言藤原済時《なりとき》の娘で、三条天皇の皇后であった。長和五年（一〇一六）、小一条院の父三条天皇は、自身の外孫敦成《あつひら》親王を即位させようとする藤原道長の圧力を受け、敦明親王の東宮擁立を条件に退位した。しかし、翌年三条院が死去するや、もう一人の外孫敦良《あつなが》親王の立坊を目指す道長の圧力で、敦明親王は東宮辞退に追い込まれたのである。その意味では道長の権勢の犠牲者であった。そうしたことから、小一条院関係者を反道長派とする見方もある。

敦明親王の優遇

しかし、東宮を辞退した敦明を、道長は優遇することになる。即位していない彼に太上天皇なみの待遇を与え、小一条院という称号を献じたうえに、娘寛子《かんし》と結婚させるにいたったのである。小一条院は道長の女婿であり、その娘儇子《けんし》内親王も、道長の孫で頼通の養子、実父は教通《のりみち》という藤原信家《のぶいえ》と結ばれている。したがって、同院は道長、ついで頼通の保護下に置かれていたわけで、頼義が判官代となったのも、関白頼通の推挙と見るのが妥当であり、時期から見て忠常の乱鎮圧の恩賞という意味があったと考えられる。

三　小一条家と陸奥

平直方の娘との婚姻

『陸奥話記』によると、小一条院判官代となった頼義の活躍が平直方の目にとまり、直方の娘との結婚が実現したとされる。この結婚の背景には、小一条院への伺《し》候《こう》が関係していたことが示唆されている。また、頼義と直方の娘との長男義家が生まれたのも、長暦《ちょうりゃく》三年（一〇三九）のことであった。直方と頼信は忠常の乱で追討使を交代した間柄であり、その関係で乱の直後に婚姻が成立したかのように思われるが、実際にはかなり時間を隔てていたと考えられる。では、小一条院に仕えたことと直方の娘との婚姻には、何か関係があるのだろうか。

小一条家と陸奥

ここで注目されるのは、小一条院の母娍子の家系である。彼女は、右大臣藤原師《もろ》輔《すけ》の弟師尹《もろまさ》の孫にあたり、父は長徳《ちょうとく》元年（九九五）の疫病で没した大納言藤原済時で、この系統は小一条家と称される。済時の甥実方《さねかた》は、左中将でありながら陸奥守として下向し、任国で死去したことで知られる。一〇世紀から一一世紀初頭、実方も含めて済時に関係した人物が連続して陸奥守に就任しており、その背景について様々な議論がある実方の陸奥守補任も、小一条家の利権を確保するためであったとする理解が提示されている。すなわち、小一条家は陸奥の利権と深く結びついた一族であったということが明らかにされた（渕原智幸氏『平安期東北支配の研究』）。

平貞盛流と小一条家

一方、桓武平氏でも、平貞盛《さだもり》が天延《てんえん》二年（九七四）に陸奥守に就任し、その養子維叙《これのぶ》も正暦《しょうりゃく》年中（九九〇～九五）に陸奥守をつとめている。貞盛流も陸奥と関係深い一族であるが、実はこの平維叙の実父は藤原済時であり、貞盛一族も小一条家と密接な関係をもつ武将だったことになる。

小一条家と陸奥との関係は、藤原実方の任国における死去で終わったとされる。しかし、後任の陸奥守源満政《みつまさ》は息子忠隆《ただかた》の室に維叙の娘を迎えて、小一条家の伝統の継承を図っており、小一条家の影響力は消滅したわけではない。その後、陸奥守には道長の縁者が連続して補任され、小一条家出身の皇后娍子を迎えた三条天皇が即位しても、その傾向は変化することはなかった。しかし、ここで注目されるのは、天皇即位後の長和三年（一〇一四）に、平維良《これよし》が鎮守府将軍に在任していたことである。

貞盛流の鎮守府将軍就任

それまで継続してきた藤原秀郷流《ひでさとりゅう》に代わり、鎮守府将軍に貞盛流が補任されるという破天荒な人事が行われた原因は、小一条家と関係深い三条天皇の即位以外には考えがたい。三条天皇が退位したあとも、さらに貞盛流の平永盛《ながもり》が鎮守府将軍を継承している。彼は、小一条家出身で貞盛の養子となった維叙の養子であった。三条天皇退位後もこうした人事が行われた背景には、小一条家や貞盛流と陸奥の関係の深さ、そして道長の小一条院に対する優遇が存したと考えられる。先述のように、その後、秀郷流が巻き返して藤原頼行《よりゆき》が鎮守府将軍に就任するが、平忠常の乱の混乱で、双方共倒れの形となり、鎮守府将軍の補任自体が消滅することになる。

こうしてみると、小一条院と桓武平氏貞盛流は、忠常の乱以前まで密接な関係を有していたのである。貞盛流嫡流の直方が、小一条院に仕えた頼義に注目するのも当然のことであった。頼義は、小一条院に仕えることで貞盛流と密接な関係をもち、陸奥にも深く関与する立場となったといえる。

小一条家の没落

ちなみに、その後の小一条家について、簡単に触れておきたい。藤原済時の嫡子通任《みちとう》は、正二位権中納言にいたり、公卿の地位を継承している。姉娍子の関係で三条天皇に近侍したこともあって、道長とは政治的に一線を画しており、道長の死去を喜ぶ公卿と称されたという。その子師成《もろなり》も正三位大宰大弐《だざいのだいに》にいたり、公卿の地位を守ったが、その子の世代は諸大夫《しょだいぶ》に止まっている。

陸奥との関係で名前を残したのは、師成の曾孫師綱《もろつな》である。彼は、鳥羽院政期の康治《こうじ》二年（一一四三）まで陸奥守に在任していたことが確認される。『古事談』の著名な

陸奥守藤原師綱

【小一条家関係系図】

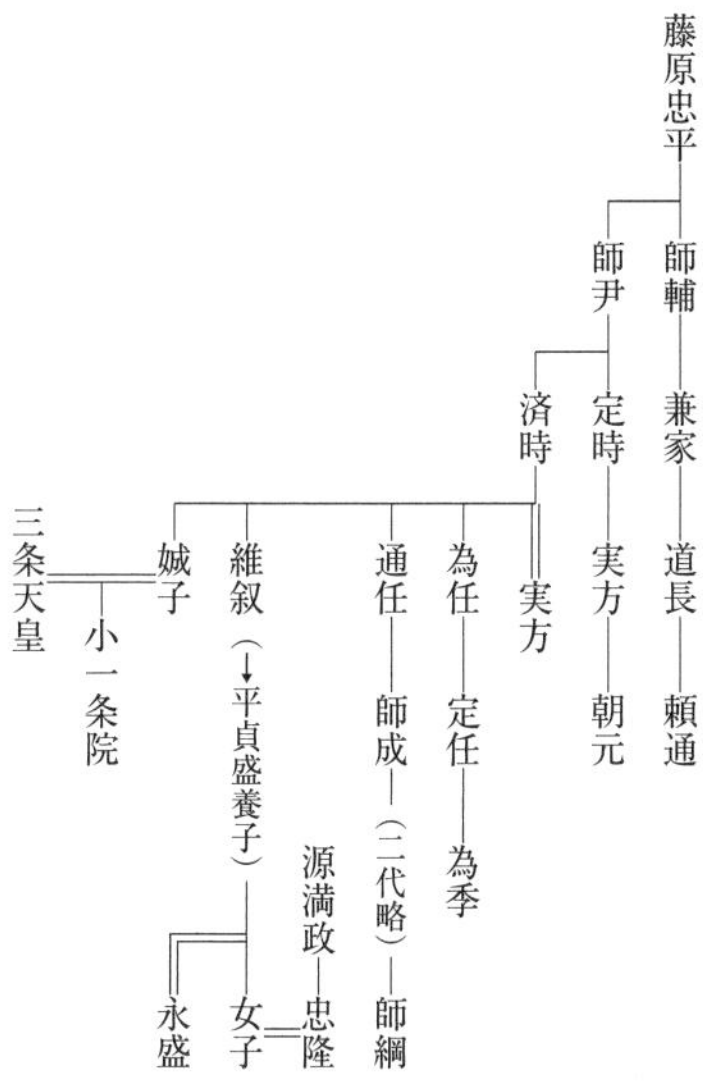

説話（四—二五）によると、彼は藤原基衡《もとひら》に対して強硬な政策を取り、検注をめぐって衝突した結果、基衡の腹心佐藤庄司季春《さとうしょうじすえはる》を処刑したという。時期的に見て小一条家と陸奥との関係が継続していたとは考えにくいが、武勇の気質を継承した可能性はある。

為任・定任の殺害

一方、『尊卑分脈』に済時の長男とされる為任《ためとう》は、娍子の皇后宮亮《こうごうぐうすけ》、伊予守などを歴任し、右大臣藤原実資に伺候したことがわかる。しかし、出家後の寛徳《かんとく》二年（一〇四五）に射殺されたという。またその子定任《さだとう》も、肥後守《ひごのかみ》在任中の長久《ちょうきゅう》元年（一〇四〇）に、肥後の豪族に殺害されている。父子二代に続く災厄であった。前者については『尊卑分脈』以外に史料もなく、詳しい事情はわからないが、後者は国内支配をめぐる対立が原因と見られる。武勇の気質が周囲との軋轢を生み、ついには殺害という最悪の事態を招いたのではないだろうか。

為季の殺人

さらに、『水左記《すいさき》』承暦《じょうりゃく》三年（一〇七九）八月三〇日条によると、藤原定任の子権大夫為季《ためすえ》は、相模国で合戦を引き起こし、中村《なかむら》氏と見られる「押領使景平《おうりょうしかげひら》」という人物を殺害している。中村氏は相模西部を拠点とした有力な武士団で、源平争乱期に土肥実平《どひさねひら》等を出している。このように、小一条家藤原済時流の為任・定任父子は相次いで殺害され、その子為季は相模に下向し武士化したと見られる。下向と河内源氏との関係、為季の系統のその後などは残念ながら詳らかではない。ただ、『山内首藤系図《やまのうちすどうけいず》』によると、河内源氏累代の腹心山内首藤氏の祖美濃国席田郡司資清は、為任の孫に当たる通家《みちいえ》という人物の子であったとされる。にわかに事実とは認めがたいが、小一条家為任流が河内源氏腹心の祖に擬せられたことは、この系統の性格、河内源氏との関係などを推察させるものといえる（野口実氏『源氏と坂東武士』）。

第七　文官頼清

一　若き日の頼清

頼義と頼清の昇進

冒頭に掲げた『中外抄《ちゅうがいしょう》』の談話にあるように、源頼信《みなもとのよりのぶ》は関白頼通《よりみち》に対し、長男頼義《よりよし》を武者、次男頼清《よりきよ》を蔵人《くろうど》として推挙した。武勇に秀でた頼義と、蔵人、すなわち文官としての才能をもつ頼清とは対照的な性格を有していたことになる。そして、頼清は寛仁《かんにん》二年（一〇一八）には中務少輔《なかつかさしょうゆう》在任が確認され、その後も頼通の家司《けいし》などとして様々に活動した記録が『小右記《しょうゆうき》』等に散見する。先述のように、長元《ちょうげん》四年（一〇三一）四月には安芸守《あきのかみ》に補任され、兄に先んじて受領《ずりょう》の地位を獲得したのである。

これに対し頼義は、平忠常《たいらのただつね》の乱への参戦、小一条院判官代《こいちじょういんほうがんだい》への就任といった『陸奥話記《むつわき》』の記述、先述した父と馬盗人を射殺した『今昔物語集《こんじゃくものがたりしゅう》』の説話等を除くと、長元九年の相模守就任にいたるまで、確実な史料にはその名を見いだすことはできない。平忠常の乱にいたるまでの時期は、まさに道長が権勢を振るった政治的安定期であり、武人の活躍の場は限られていたのである。

頼清は、無骨な兄と対照的に文官として貴族社会で如才なく活躍し、受領昇進でも先行したように、頼義を官位面でつねに凌駕していたことになる。このように、弟が官位で上回るのは、おおむね母の出自の相違が原因であるが、先述のように『尊卑分脈《そんぴぶんみゃく》』の多くの写本が頼清の母も頼義と同じ修理命婦《しゅりのみょうぶ》とするなど、母を高い身分の家柄の出身とする証拠はない。結局、昇進の差は、両者の性格・才能の相違に帰結するのかもしれない。なお、頼清の生年は不詳で、頼義との年齢差、受領就任時の年齢などは不明である。ともかく、先に史料に登場する頼清の活動から、検討を加えることにしたい。

若き日の頼清の姿を伝える説話が、『今昔物語集』に掲載されている。巻一二の「天王寺別当《てんのうじべっとう》、道命阿闍梨《どうみょうあじゃり》語　第三十六」である。彼は「左近《さこん》ノ大夫《だいぶ》」と称された若い頃、きわめて不遇であったが、この説話の主人公で、のちに四天王寺別当《してんのうじべっとう》となる僧

【頼清と道命阿闍梨関係系図】

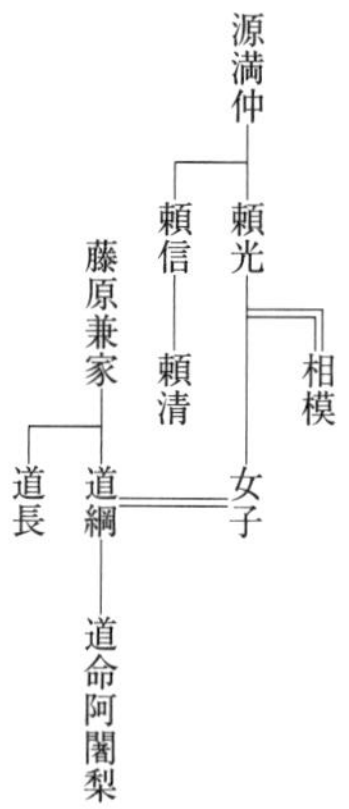

道命阿闍梨の庇護を受け、粥を振る舞われたという。この道命は、道長の異母兄で、源頼光《よりみつ》の女婿として知られる右大将道綱《みちつな》の息子であった。

頼清が左近大夫《さこんのだいぶ》と称されたことは、彼が左近衛府《さこのえふ》の将監《しょうげん》をつとめ、その労で五位に叙されたことを意味する。六位蔵人に任じられていれば、蔵人の労で五位に叙され蔵人五位と称されたはずで、蔵人から左近将監に移ることは考えがたい。したがって、先に触れた池上洵一氏の指摘のように、頼清が任じられた蔵人とは、摂関家における「蔵人」、すなわち後述する侍所《さむらいどころ》の職員を指称するものと考えられる。

また、彼が不遇であったとあるのは、頼通に仕える以前のことを示すと考えられる。すでに述べたように、父頼信は最初の受領である上野介《こうずけのすけ》に在任してから、次の常陸介《ひたちのすけ》に就任するまで一〇年ほどを隔てている。しかも、さほど富裕とは言いがたい東国受領だけに、頼信やその一族は経済的には恵まれない状態にあったものと考えられる。頼光《よりみつ》や頼親《よりちか》といった兄たちと異なり、道長とやや疎遠であったことが影響したのであろう。

頼清と藤原道綱

頼清が道命阿闍梨の知遇を得た背景には、阿闍梨の父道綱が関係すると思われる。道命は道長の甥ではあるが、頼信と道長がやや疎遠で、しかも道長は兄とはいえ無能な道綱を軽視していたことを考えれば、道長の仲介を想定することは難しい。むしろ、道綱の岳父が頼光であり、頼光と頼信が親しかったことを想起するならば、頼光を介して道綱や道命阿闍梨に接近したと見るべきであろう。

その後、頼清は中務少輔に就任し、文官的才能を生かして頼通の家司の地位をも獲得するものと考えられる。その背景には、二度目の受領である常陸介に就任した頼信が、受領として実績を積み、多大の貢納《こうのう》を行って道長・頼通に接近したことに加え、道長側近として活躍していた頼光が、頼清を推挙したこともあったのではないだろうか。

二　頼清の活躍

三条院への伺候

頼清の史料初見は、『御堂関白記《みどうかんぱくき》』寛仁元年（一〇一七）五月九日条で、三条院の死去を道長に伝える使者の役割を果たしている。彼は当時三条院に仕えていたことになるが、院には、東宮時代から伯父源頼光が近侍していたことを考えると、頼光の推挙で院に仕えた可能性が高い。

中務小輔

ついで、『小右記』の翌寛仁二年四月二二日条では中務少輔在任が確認され、以後も中務省《なかつかさしょう》の官人として重要な活動が目につく。たとえば、治安《ちあん》二年（一〇二二）七月一四日の法成寺《ほうじょうじ》の金堂供養、あるいは長元元年（一〇二八）七月二五日の改元《かいげん》等で、詔書を取り次いでいる（『小右記』）。周知のとおり、中務省の職掌の一つに詔勅文案の作成があった。さすがに頼清は詔書の作成には関与していないが、その取り次ぎという実務面を担当していたことになる。

家司・侍所別当

一方、『小右記』治安元年一〇月一〇日条によると、頼清は関白頼通の使者として藤原実資のもとを訪ね、興福寺維摩会《ゆいまえ》の布施について相談をしている。注目すべきことは、この時に頼清が頼通の家司・侍所別当であったと記されている点である。家司とは、のちに政所《まんどころ》別当を意味するようになるが、当時は家政機関に仕える職員の意味で用いられており、頼清が頼通の家政機関の職員であったことを示す。この時、彼は儀式の内容に関係する実務的な相談も行っており、たんなる取り次ぎの使者ではなく、儀式遂行の実務を担当する有能な家政機関職員であった。

摂関家の侍所

一方、頼清が別当をつとめた侍所とはどのような機関であったのだろうか。侍所というと、鎌倉幕府における政所と並ぶ政務機関で、御家人統制を職務としたことで有名である。しかし、合戦とは無縁である摂関家など公家の侍所は、けっして武

侍所と家人統制

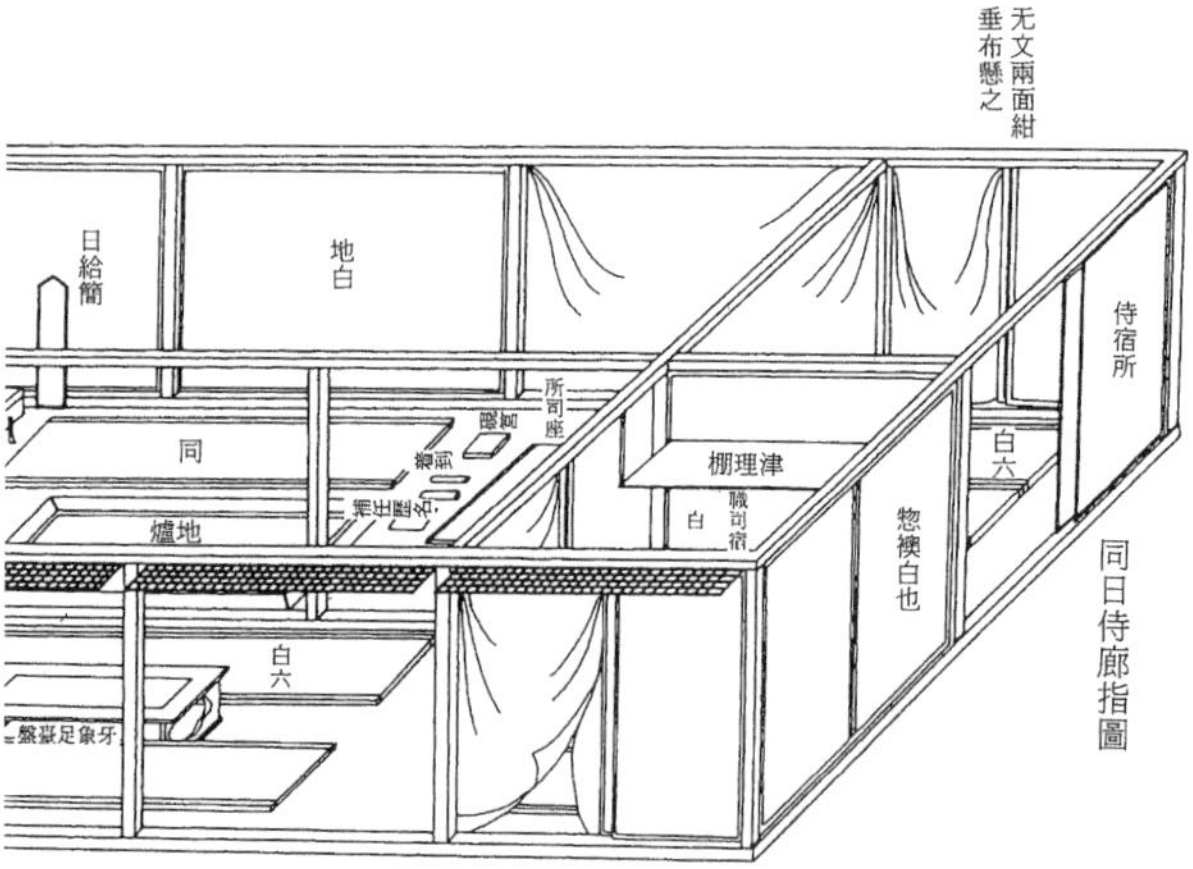

雑要抄指図巻』〈中央公論美術出版，1998 年〉111 頁より転載）

的な性格を有する機関ではなかった。摂政の侍所は、蔵人所とも称されていたように、宮中の蔵人所を模倣しており、侍と称された六位以下の下級官人を組織した機関であった。したがって、頼清が、頼通によって「蔵人」に起用されたというのは、侍所の別当のことであったと見ることができる。

侍所の具体的な職掌は、院政期の事例によると、政所をはじめとする全家政機関職員の出仕確認、儀式出仕の催促、主従関係締結の際に提出された名《みよう》簿《ぶ》等の管理などであった。換言すれば、

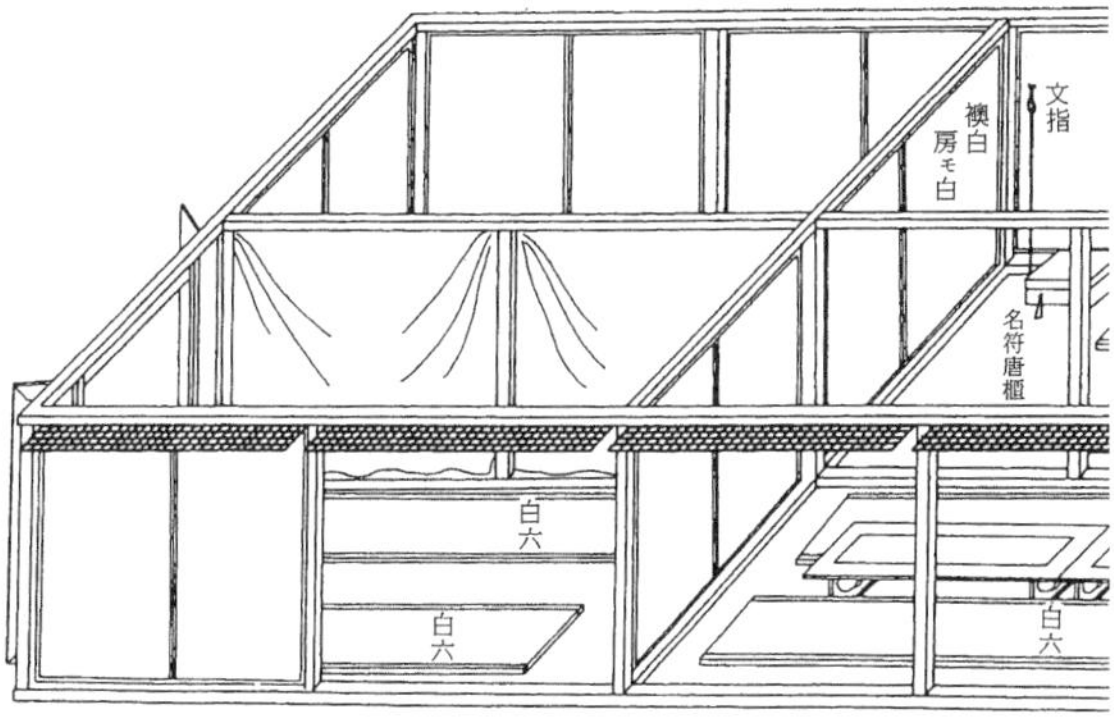

摂関家侍所廊指図（川本重雄・小泉和子編『類聚

公家の侍所は主従関係を管理し、侍を統制して日常業務・儀式遂行などを行わせる機関であったことになる。この家人統制と業務遂行という側面が、鎌倉幕府の侍所に継承されることになる。

したがって、侍所別当は文官的な才能を認められた頼清に相応しい役職であった。なお、院政期の例では侍所別当は職事とも呼ばれ、五位以上が任命されることになっていた。したがって、当時、頼清がすでに叙爵していた可能性が高い。

岳父藤原斉信

頼清の政治的立場を考えるうえで、

忘れてならないのは、彼の結婚である。『尊卑分脈』によると、頼清の三男兼宗《かねむね》の母は、道長側近の権大納言藤原斉信《ふじわらのただのぶ》の娘であったという。斉信は道長の従弟にあたり、父は太政大臣為光《ためみつ》で、藤原公任《きんとう》、同行成《ゆきなり》、源俊賢《としかた》とともに、一条朝の四納言《よんなごん》と称された有能な公卿である。大きな身分差を有する婚姻であるが、事実とすれば頼清に対する摂関家関係者の高い評価を物語る。この斉信は、忠常の乱後の長元八年（一〇三五）まで存命で、権大納言として活躍していた。当然、頼清に対する政治的支援もあったと見るべきで、長元四年に兄頼義を差し置いて熟国《じゆくこく》安芸守に就任した背景に、斉信の存在が関係したのではないだろうか。

三　受領頼清とその子孫

安芸守就任

頼清は長元四年（一〇三一）三月に安芸守に就任した。先述のように、時はまさに平忠常の乱が終盤を迎えており、強引な追討に失敗した平直方《なおかた》に代わって追討使に起用された頼信が、忠常の降伏に向けた最後の折衝を行っていた。乱の鎮圧に向けた見通しを得た頼通は、当初から追討使に頼信を起用しなかったことに対する贖罪の意味をこめて、一〇年以上にわたって家政機関に仕えてきた頼清に、一足早い恩賞を与えたと見ることができるだろう。

残念ながら、頼清の安芸守としての事績を伝える史料は残っていない。ただ、別人が安芸守に補任されたことが確認されるのは、九年後の長久《ちょうきゅう》元年（一〇四〇）正月なので、頼清は重任《ちょうにん》した可能性が高い。重任を許されたとすれば、初めての受領ながら、治国に関して高い評価を得たものと考えられる。

陸奥守から肥後守へ

ついで、頼清は永承《えいしょう》三年（一〇四八）三月に前陸奥守《さきのむつのかみ》と見える（『造興福寺記《ぞうこうふくじき》』）。詳細な在任期間は不明であるが、鬼切部《おにきりべ》で安倍頼良《あべのよりよし》と衝突する藤原登任《なりとう》の前任の国守と考えられる。陸奥に関しても、彼の事績を伝える史料は存在しない。ただ、陸奥守を終えたのち、遠い肥後守に移ったことが、『後拾遺和歌集《ごしゅういわかしゅう》』に収められた女流歌人相模《さがみ》の和歌から判明する。その詞書きには「源頼清朝臣、陸奥国果てて、また肥後守になりて下り侍りけるを、出立ちの所に、誰ともなくてさしおかせける」とあり、陸奥守の任終から遠くない時期に、肥後守に就任したことが窺われる。

受領としての成功

陸奥の次は九州の肥後と、遠隔地の連続には同情を禁じえないが、肥後国は『延喜式《えんぎしき》』の大国であり、受領として高い評価を受けていたことに相違はない。また、陸奥守の任期満了から近い時期に新たな任国を得たことは、陸奥の統治が順調であったことを示唆するものである。後述するように、おそらくは当時大きな勢力を築きつつあった安倍氏と協調し、安定した国内支配を実現したものと考えられる。長元四年（一〇三一）の安芸守就任から、陸奥・肥後守と大国の受領を歴任したことは、頼清の有能さを物語っている。

女流歌人相模

なお、右記の和歌を詠んだ相模は、頼清の伯父頼光の後妻慶滋保章《よししげのやすあきら》の娘の連れ子で、頼清とは義理の従妹という関係にあった。ここからも、頼清と頼光一族との親しい関係が浮き彫りにされることになる。彼女の和歌は次のようなものであった。

たび〳〵の千代をはるかに君や見ん　末の松より生の松原

旅を寿《ことほ》ぐ相模の和歌に送られて、頼清は肥後に旅立った。しかし、その後の頼清に関する消息は一切わからない。後任の陸奥守藤原登任が安倍頼良に敗北した時も、兄の頼義が陸奥守として前九年合戦《ぜんくねんかっせん》に突入した時にも、頼清の名前が出ることはなかった。おそらく、肥後守在任中に死去したのであろう。年齢は不明確であるが、兄頼義が、前九年合戦当時に七〇歳を迎えていたことを考えると、頼清もそれに近い年齢であり、当時としてはかなりの高齢であったと考えられる。

頼清流の没落

頼清は位階も従四位下にいたっており、頼義が前九年合戦後に二階上昇して正四位下に叙されたことを考え合わせると、頼清は亡くなるまで官位面では頼義を凌駕していたと思われる。その意味では、頼清流が河内源氏の嫡流となってもおかしくはなかったといえる。彼の息子仲宗《なかむね》も筑前守《ちくぜんのかみ》に就任し、順調な経歴を歩んでいた。しかし、その一族に思わぬ陥穽が待ち構えていた。寛治《かんじ》八年（一〇九四）八月、頼清の孫三河守惟清《みかわのかみこれきよ》が白河《しらかわ》院を呪詛したため、惟清はもちろん、父や兄弟たちも失脚してしまったのである。以後、頼清の系統は、信濃の地方武士に転落することになる。

呪詛の背景、頼清流のその後については後述に委ねるが、大局的に見れば、頼清流没落の背景に、武門において文官より武士を重んじる時代の変化があったと考えられる。

第八　頼義と小一条院

一　小一条院判官代

判官代就任

頼義《よりよし》は、先述のように平忠常《たいらのただつね》の乱後、いわば父を補佐した恩賞として小一条《こいちじょう》院《いん》の判官代《ほうがんだい》に補任《ぶにん》されたと考えられる。小一条院は、道長《みちなが》の圧力で東宮辞退に追い込まれたが、すでに述べたように道長の末娘寛子《かんし》の婿となり、道長によって太上天皇の待遇を与えられたことから、道長、ついで頼通《よりみち》の保護下にあったと見られる。したがって、院司《いんじ》も道長や頼通に近い人物であり、頼義は関白頼通の推挙で判官代に補任されたのである。

判官代は、院に仕える機関である院庁《いんのちょう》において、別当《べっとう》に次ぐ地位を占める。院政期の院司の例では、別当には公卿《くぎょう》や四位の受領《ずりょう》・弁官《べんかん》が、判官代は五位程度の貴族と六位の官人が任じられていた。院政期の事例と単純に対比はできないが、六位には実務担当者が多いと見られること、また頼義がすでに四〇歳を超えていたことから、いまだ受領にはいたらないものの、頼義も五位の位階を有していたものと考えられる。あるいは、判官代就任の前提として、平忠常の乱平定後に叙爵された可能性もある。

小一条院には、母が属した小一条家に関係する院司も多数存在したものと思われる。すでに触れたように、『陸奥話記《むつわき》』によると、平直方《なおかた》が娘と頼義を結婚させた原因は、小一条院に対する頼義の奉仕ぶりを見たためであったという。小一条家と関係深い貞盛流《さだもりりゅう》の直方が、頼義とともに小一条院に院司として仕えていた可能性も存するのではないだろうか。

小一条院と狩猟

『陸奥話記』は、頼義が狩猟を愛好した院に随行して、優れた腕前を披露したとする。まさに武芸を生かした奉仕であり、父頼信《よりのぶ》も認めた武人としての能力が評価

されたことになる。先述のように、『古今著聞集《ここんちょもんじゅう》』（巻九武勇一二）には小一条院が「頼義を身を放たでもたりける」とあって、頼義は側近として伺候《しこう》していた。政治的野心を封じられた小一条院には、狩猟が数少ない憂さ晴らしの場であったと考えられる。そこで活躍した頼義が、院に寵遇されるのも当然であった。もっとも、頼義は長元《ちょうげん》九年（一〇三六）に相模守《さがみのかみ》として赴任しており、任期満了直後の長久《ちょうきゅう》二年（一〇四一）に院も出家しているので、相模から帰京した頼義が狩猟に伺候する機会はわずかであったと考えられる。

僙子内親王

狩猟に奉仕した期間は限られたものではあったが、小一条院への近侍は、頼義にいくつかの恩恵をもたらした。そのひとつが、小一条院の王女冷泉宮僙子《れいぜいのみやけんし》内親王領への荘官補任である。同内親王は寛仁《かんにん》二年（一〇一八）に、院と道長の娘寛子との間に生まれたが、祖父三条《さんじょう》天皇の養女となったことで内親王の地位を得た。やがて、道長の孫で、藤原教通《のりみち》を実父とし、頼通の養子となっていた信家《のぶいえ》と結婚しており、摂関家と密接な関係にあったことがわかる。冷泉宮と称された彼女は、夫に先立たれ、実子もないまま、承徳《じょうとく》元年（一〇九七）に八〇年の生涯を終えている。

冷泉宮領

彼女は冷泉宮領と呼ばれる多数の荘園を有していたが、それらは養女であった源麗子《れいし》に譲渡された。麗子は村上源氏《むらかみげんじ》の右大臣源師房《もろふさ》の娘で、道長の外孫にあたり、道長の孫、頼通の子である摂政・関白藤原師実《もろざね》の室となっている。このため、冷泉宮領は摂関家にもたらされ、師実の孫忠実《ただざね》の時代に摂関家領に包含されたことが、建長《けんちょう》五年（一二五三）の「近衛《このえ》家《け》所領目録《しょりょうもくろく》」から判明するのである。冷泉宮領については、夫信家の荘園とする説もあるが、摂関家の傍流にとどまった彼が多くの荘園を集積するとは考えがたい。おそらくは、小一条院が集積した荘園ではないだろうか。

荘官と頼義家人

ここで注目されるのは、冷泉宮領の中に、相模国三崎《みさき》・波多野荘《はたののしょう》、紀伊国とあるが、実際には上総国と見られる菅生荘《すごうのしょう》等が含まれることである。三崎荘は平貞《さだ》通《みち》の子孫とされる三浦氏が、波多野荘は後述する佐伯経範《さえきのつねのり》に始まる波多野《はたの》氏が、そして菅生荘は平忠常の子孫上総介《かずさのすけ》氏が、それぞれ荘官となっていたが、これらはいずれも頼義配下の武士たちであった。

このうち佐伯経範は、藤原秀郷流《ひでさとりゅう》に属し、京で活躍した軍事貴族で、前九年合《ぜんくねんかっ》戦《せん》最中の黄海《きのみ》合戦で、頼義戦死の誤報に接して敵に突入し、戦死した武将である。彼は、京で頼義と主従関係を結び、頼義から波多野荘の荘官に推挙されたと見られる。その恩義から殉死したのである。三浦・上総介氏も、同様に頼義の推挙が想定できるだろう。したがって、冷泉宮領は、頼義と東国に居住する武士たちとの主従関係の媒介となったのである。

佐伯経範と波多野荘

さて、小一条院への伺候がもたらした恩恵はこれだけではない。そのひとつが相模守への補任であり、小一条家との関係深い平直方の娘との婚姻であった。

【佐伯経範と波多野氏系図】（『尊卑分脈』）

藤原秀郷—千常—文脩—文行—公光—公清—（二代略）—義清（西行）

公光—（佐伯）経範—経秀—（波多野）秀遠—遠義—義通—義常

二　相模守補任

初の受領就任

頼義が相模守に補任されたのは、たびたび触れたように、長元九年（一〇三六）一〇月一四日のことであった（『範国記《のりくにき》』）。『陸奥話記』は、小一条院の判官代をつとめたことの労による補任とする。彼がこれ以前に受領に就任したことをうかがわせる記録はなく、初めての受領就任と見て相違ない。

弟頼清《よりきよ》の安芸守《あきのかみ》就任に遅れること五年である。また、永延《えいえん》二年（九八八）という生年に従えば、すでに四九歳を迎えていたことになり、父頼信が三〇歳代で上野国の受領となっていたことに比べても、大きく遅れを取っている。小一条院が判官代から手放さなかったことも影響したのかもしれないが、やはり無骨な性格が昇進の遅延に影響した可能性が高い。

歴代の相模守

『延喜式《えんぎしき》』によると、相模国は上国とされるが、陸奥のような特産品もなく、軍事的な要地でもなかった。このため、一〇世紀以降の歴代相模守には、さほどの大物受領も見当たらず、武門源氏はもちろん、他の軍事貴族の名前も見当たらない。ただ、桓武平氏高棟王流《かんむへいしたかむねおうりゅう》の平親信《ちかのぶ》の子で、貞盛《さだもり》の曾孫永盛《ながもり》と親しい関係にあったとされる平孝義《たかよし》が、寛弘《かんこう》五年（一〇〇八）から在任したほか、先述の女流歌人相模《さがみ》の夫大江公資《おおえのきんすけ》が万寿《まんじゅ》元年（一〇二四）に在任していたことが目に付く程度である。

相模守としての活動

『陸奥話記』の記述によると、頼義は相模守在任の間、武威によって反抗するものを服属させ、「士《ひと》を愛し施《ほどこし》を好みしかば、会坂《おうさか》より東のかたの弓馬の士、大半は門客と」なったとされる。叙述はあまりに大げさではあるが、ここでいう「施」とは、先述した佐伯経範のように、頼義が主従関係に入った武士たちに、荘官の地位などを斡旋したことを示すのであろう。このころ、京から東国に下向した武士たちが散見するが、頼義と関係する者も少なくなかったと考えられる。

直方の娘との婚姻と相模守就任

一方、『陸奥話記』によると、平直方は小一条院判官代として活躍する頼義を見て、彼を婿に迎え、ついで頼義は判官代の労で相模守になったとされる。しかし、すでに述べたように頼義と直方の娘との間に長男義家が生まれたのは、頼義の相模守就任の三年後のことであった。このことは、『陸奥話記』の記述とは逆に、相模守補任が婚姻に先行した可能性を物語る。

鎌倉の屋敷

また、南北朝時代に僧由阿《ゆうあ》によって編纂された万葉集の注釈書『詞林采葉抄《しりんさいようしょう》』に、直方が鎌倉の屋敷を頼義に譲渡したとする記述があることはよく知られている。その記述は以下のとおりであった。

平将軍貞盛孫上総介直方、鎌倉を屋敷とす。ここに鎮守府の将軍兼伊予守源頼義、いまだ相模守にて下向の時、直方の聟となり給て、八幡太郎義家（鎮東将軍《ちんとうしょうぐん》）出生し給しかば、鎌倉を譲り奉りしより以来、源家相伝の地として（以下略）

これによると、頼義が相模守として下向した際に、直方の婿に迎えられており、長男義家の生誕を契機に鎌倉の屋敷が譲渡され、以後同地が河内源氏の拠点となったという。相模守補任が婚姻に先行したことを裏付ける記述といえる。

直方と相模国

むろん史料の性格上、信憑性に疑問もあるが、野口実氏は、直方の祖父維将《これまさ》が相模介《さがみのすけ》になっており、相模の武士を組織した可能性が高いこと、忠常の乱の間、相模国は「久しく軍務を営み、衰老殊に甚し」（『左経記《さけいき》』長元四年六月二七日条）と評されたことから、忠常追討における直方の兵站《へいたん》拠点であったと見られると指摘し、直方が同国に強い影響力を有していたとして、鎌倉に屋敷が存在した傍証とされた（『坂東武士団の成立と発展』）。

相模国と直方が密接な関係を有したこと、頼義はもちろん、直方も小一条院と関係があったと見られること、そして頼義が相模守に補任された後に直方の娘との婚姻が成立したことを考え合わせると、頼義の相模守補任は偶然ではあるまい。おそらくは、小一条院を介して直方・頼義が連携して実現した人事であった可能性が高く、小一条院から朝廷に働きかけがあったと見てよいのではないだろうか。次に、頼義にとって、直方の娘との婚姻が有した意味について考えることにしよう。

三　直方の娘との婚姻

三男二女を儲ける

頼義と、直方の娘との婚姻がいつ成立したのかは不明確であるが、長男義家が生誕したのは長暦《ちょうりゃく》三年（一〇三九）のことである。当時、頼義は相模守として任国にあったと考えられる。二人は、義家・義綱《よしつな》・義光《よしみつ》の男子三人と、二人の女子に恵まれたというから、まさに琴瑟相和《きんしつあいわ》した夫婦関係であった。そして、この三人の兄弟によって、河内源氏の次代が担われることになる。

高齢での義家の生誕

それにしても不思議に思われるのは、頼義が義家を儲けた年齢が、すでに五〇歳を超えており、当時としては老境に達していたことである。それまで、頼義に妻がなかったとは考えがたい。先述した『中外抄《ちゅうがいしょう》』において、義家の母、すなわち諸大夫である直方の娘が「華族《かぞく》」であることが強調されている。これは、身分も品性も低かった頼義の母修理命婦《しゅりのみょうぶ》と対比した表現であるが、同時に頼義に身分の低い前妻が存在したことを示唆するのではないだろうか。受領に昇進した頼義は、受領層の娘を妻に得て前妻を離別した可能性が高い。弟頼清が大納言藤原斉信《ただのぶ》の娘と結ばれていたことも、室の身分を意識させたものと考えられる。

「父太郎」と「母太郎」

ただ、前妻との間に成人した男子があれば、受領となった父の補佐役として軍事的に重要な役割を果たしていたはずである。『愚管抄《ぐかんしょう》』は、平泉《ひらいずみ》の藤原秀衡《ひでひら》の嫡男泰衡《やすひら》を「母太郎」、長男で母の身分が低い国衡《くにひら》を「父太郎」と称した。すなわち、父が若いころに身分の低い妻との間に儲けた長男が「父太郎」、しかるべき家柄の正室との間に儲けた嫡男が「母太郎」であった。国衡のように、軍事的に重要な役割を担った「父太郎」は、微妙な関係を持ちながら母太郎と並存することが一般的である。頼義の場合も、仮に最初の妻の子がいたとすれば、廃嫡されたとしても姿を見せないということは考えがたい。おそらく、男子に恵まれなかったか、夭折などで後継者として恃む男子がいなかったのであろう。直方の娘との婚姻には、「華族」との婚姻とともに、継嗣の獲得という目的もあったのである。

桓武平氏貞盛流継承

しかし、それらにもまして、この婚姻は頼義にとって大きな意味があった。野口実氏が指摘するように、頼義は鎌倉の屋敷とともに、直方が有した所領、郎等、そして東国における桓武平氏貞盛流の名声を獲得したと考えられる（『坂東武士団の成立と発展』）。直方が、忠常の追討に失敗したことで桓武平氏の権威は低下していた。頼義は、それを継承し、再建しようとしたことになる。

陸奥への影響力

桓武平氏の伝統とは、すでに述べたように、小一条家・小一条院と結んで、奥羽に強い影響力を有したことである。桓武平氏は陸奥守《むつのかみ》、鎮守府《ちんじゅふ》将軍《しょうぐん》を輩出したが、これによって利権を得るとともに、一朝蝦夷に不穏な動きがあれば、坂東の家人たちを率いて追討を担当することになっていたのである。

しかし、すでに小一条家は没落し、その系譜を引く小一条院も道長の婿となって、摂関家に取り込まれていた。したがって、頼義は摂関家のもとで、奥羽における治安維持を担当することになったといえる。かくして、頼義は生涯最大の試練となる前九年合戦を迎えることになるのである。

第九　頼義の陸奥守就任

——前九年合戦の前提——

一　安倍氏の台頭

前九年合戦の勃発

『陸奥話記《むつわき》』によると、永承《えいしょう》年間（一〇四六〜五三）に、奥六郡《おくろくぐん》の司安倍頼良《あべのよりよし》と陸奥守藤原《むつのかみふじわらの》登任《なりとう》とが陸奥国鬼切部《おにきりべ》で衝突し、受領《ずりょう》側が大敗を喫したとされる。この鬼切部合戦によって、一二年に及ぶ大乱、前九年合戦《ぜんくねんかっせん》の口火が切られることになる。陸奥守側が敗北したことに驚いた朝廷は、武名高い頼義《よりよし》を「追討将軍」に起用したとする。すなわち、鬼切部合戦こそ、頼義が陸奥に下向するきっかけであったというのである。まず、この合戦にいたる陸奥の情勢について簡単に触れておくことにしたい。

秀郷流の排除

先にも述べたように、万寿《まんじゅ》四年（一〇二七）までの在任が確認される藤原秀郷流《ひでさとりゅう》の頼行《よりゆき》を最後に、鎮守府将軍《ちんじゅふしょうぐん》の任命は中断する。受領との軋轢、忠常《ただつね》の乱による平《たいらの》貞盛《さだもり》・藤原秀郷両流の衰退などが原因と考えられている。ただ、頼行が鎮守府将軍に在任していた当時の陸奥守は、前任の鎮守府将軍平永盛《ながもり》と深い関係を持つ平孝義《たかよし》であったし、さらに彼の後任には藤原実方《さねかた》の子朝元《あさもと》が就任しており、小一条家《こいちじょうけ》に関係する陸奥守が続いている。その意味では、小一条家・桓武平氏《かんむへいし》の陸奥への関与は継続しており、秀郷流が陸奥から排除されたという側面があったことは否定できない。

藤原朝元以後の陸奥守

しかし、その後に陸奥守に任じられたのは、藤原道長の伯父兼通《かねみち》の孫兼貞《かねさだ》、同高《たか》藤流宣孝《ふじりゅうのぶたか》の子頼宣《よりのぶ》らで、小一条家や小一条院との関係は見いだされない。藤原朝元が長元《ちょうげん》四年（一〇三一）に没した（『尊卑分脈《そんぴぶんみゃく》』）ために、小一条家関係の人材が払底していたこと、平忠常の乱による平貞盛流の衰退、また小一条院に仕えて貞盛流の権威・伝統を継承しようとした頼義も、いまだ東国に十分な基盤を形成できていなかったことも関係したのであろう。この間、大きな紛争がなかったことは、朝廷の陸奥に対する最大の関心事である貢納《こうのう》が確保されていたことを物語る。なお、兼貞の位階は四位に達しており、陸奥の国としての格式が上昇していたことを物語る。

安倍氏の登場

　鎮守府将軍に代わって蝦夷との交易を行い、朝廷に対する貢納を確保したのが、ほかならぬ安倍氏であった。かつて安倍氏は、『陸奥話記』にあるとおりの反抗的な蝦夷の「酋長《しゅうちょう》」と見られていたが、今日ではこうした見方は否定されている。その出自については、地元の伝統的豪族、中央から下向した官人の子孫などとする

安倍忠良

説があるが、安倍頼良の父「忠良《ただよし》」を、『範国記《のりくにき》』長元九年（一〇三六）一二月二二日条の小除目《こじもく》で補任《ぶにん》された「陸奥権守《むつごんのかみ》安倍忠好」と同一人物とする説が有力である。「忠好」を、頼良の父忠良とすれば、彼はまさしく鎮守府将軍が不在の時期に権守に就任したことになる。また、頼良が「安大夫」と称されたように、五位を帯びていたことは、父の政治的地位を継承したこと、そして中央とも密接な関係を有していたことを物語る。安倍氏は鎮守府将軍に代わって北方交易を担当するとともに、

高い政治的地位を得たのである。

安倍氏と受領

　忠良が陸奥権守に任じられた長元九年は、前任の受領藤原兼貞が在任中に死去し、急遽頼宣が後任に補された年でもある。こうしたことから、安倍氏は鎮守府将軍不在と、受領兼貞急死による混乱のなかで、鎮守府の実権を掌握したものと考えられている（渕原智幸氏『平安期東北支配の研究』）。そして、以後の安倍氏は北方の蝦夷とも交易を行うとともに、朝廷に対しても安定した貢納を行っていたものと見られる。したがって、鎮守府将軍が任命されなかった一〇三〇から四〇年代にかけて、陸奥国では受領と安倍氏とによる、支配秩序が保たれていたことになる。

安倍氏と源頼清

　安倍氏と協調して安定した統治に成功した陸奥守の一人が、先にも触れた源頼義の弟頼清《よりきよ》にほかならない。永承《えいしょう》三年（一〇四八）に「前陸奥守《さきの》」とあるので（『造興福寺記《ぞうこうふくじき》』）、鬼切部合戦で安倍氏と衝突する藤原登任の前任と見られる。彼は陸奥の任を終えて短い期間で肥後守《ひごのかみ》に移っており、治国が高く評価されたことになる。この頼清は、河内源氏《かわちげんじ》出身ではあるが、第七で述べたように文官としての才能を有した人

藤原経清の土着

物で、彼の起用が軍事的な意味を有したとは言いがたい。ただ、源氏譜代の家人《けにん》とされた藤原経清《つねきよ》が、頼清の郎従として随行し、土着した可能性は高い（樋口知志氏『前九年・後三年合戦と奥州藤原氏』）。彼が安倍頼良の婿に迎えられたのも、頼清と頼良との連携の結果であろう。また、受領郎従として、河内源氏の家人が起用された背景には、武人である兄頼義の支援も想定できる。さらに、頼義の下で権守をつとめ、前九年合戦開戦の原因をつくった藤原説貞《ときさだ》も、永承三年には陸奥にいたと見られるので（『造興福寺記』、同書では「時貞」）、彼も頼清に従っていた可能性が高い。

こうした陸奥守と安倍氏の協調による安定した体制が崩れたのが、頼清の後任である藤原登任の任期満了直前に勃発した鬼切部の合戦であった。

【藤原経清系図】

藤原秀郷―千常―文脩―兼光―正頼―経清
　　　　　　　　　　　　　　　　　　‖―清衡―基衡―秀衡
安倍頼時―女

二　鬼切部合戦

『陸奥話記』の記述

鬼切部《おにきりべ》合戦の舞台となった「鬼切部」については、出羽国《でわのくに》との国境にほど近く、温泉地として名高い現在の鬼首《おにこうべ》（宮城県大崎市）付近とする説が有力である。この事件については『陸奥話記』以外に記録はない。そこでまずは同書の記述を紹介しよう。

安倍忠良の子で六箇郡（奥六郡）の司であった安倍頼良は、「酋長」を称して驕暴な支配を行ってきたが、本来の支配地である奥六郡から南下し、六郡の南限にあたる衣川関《ころもがわのせき》（『陸奥話記』等には「衣河」の記述もあるが、以下では史料引用を除いて「衣川」に統一）の外に進出するにいたった。頼良は受領からの徴税を拒否したが、歴代の受領たちは制止することができなかった。このため、陸奥守藤原登任は数千の兵を率い、秋田城介《あきたじょうのすけ》平重成《しげなり》軍を先鋒として、鬼切部で俘囚《ふしゅう》を率いる頼良と衝突する。しかし

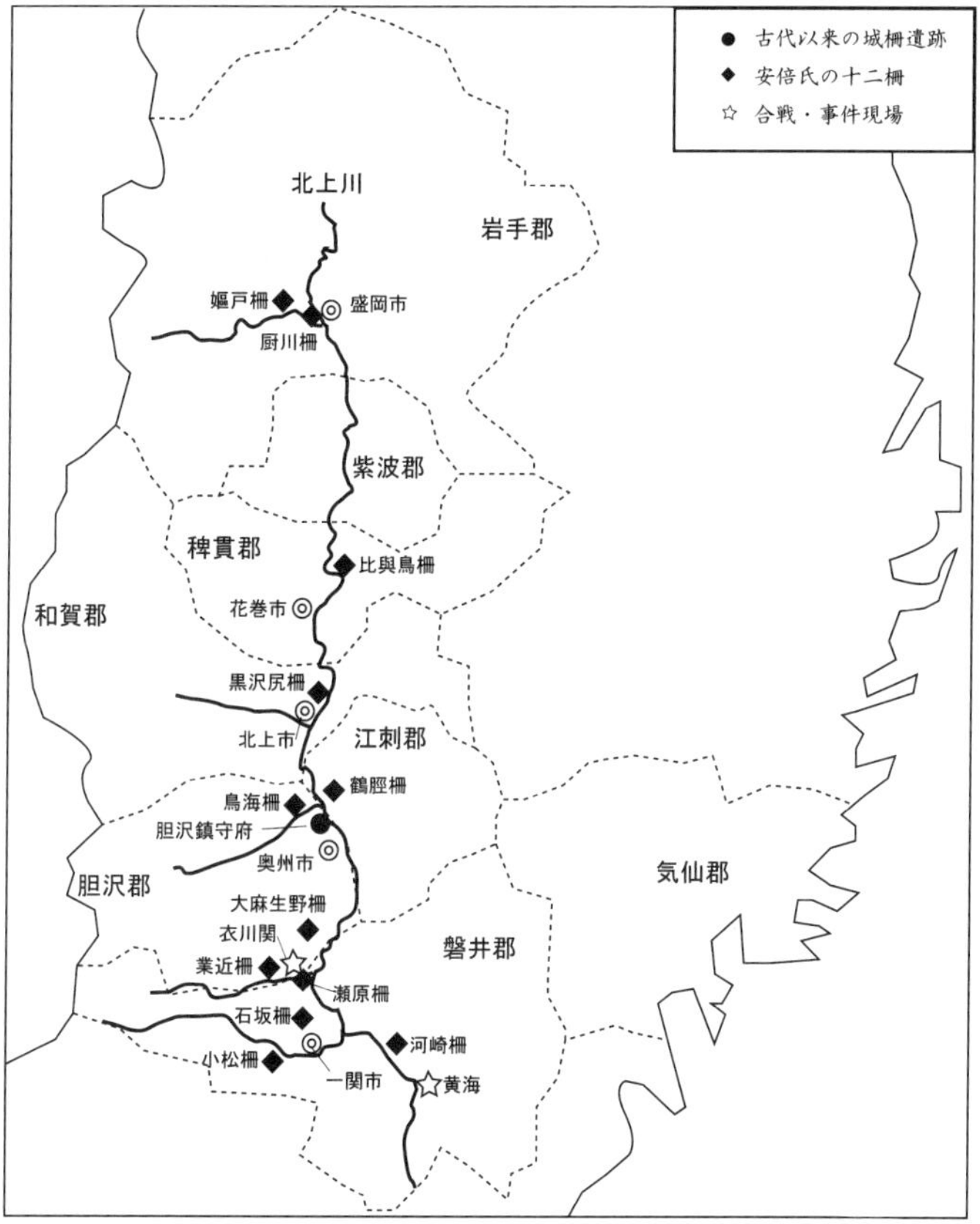

奥六郡図（古川一明氏作成・提供）

『陸奥話記』への疑問

鬼切部（鬼切辺）城跡（宮城県大崎市鬼首）

登任側は、多くの戦死者を出して敗北してしまった。事件が起こったのは「永承の比《ころをひ》」とあり、おそらくは頼義が赴任する直前に当たる永承五年（一〇五〇）頃と見られる。受領軍の敗報に驚いた朝廷は、忠常の乱に参戦し高い武名を有する頼義を「追討将軍」に起用し、陸奥守に任じたというのである。

悪逆な俘囚安倍頼良の横暴と、これを討伐すべく朝廷の輿望を担って陸奥に赴く追討将軍頼義。『陸奥話記』が描く前九年合戦の前提は、このようなものであった。しかし、こうした記述に、にわかに従うことはできない。前述のとおり、安倍氏を単純に横暴で反抗的な俘囚の長と見ることは困難である。徴税に対する反抗をも虚構とする見方もあるが、受領の側が攻撃を仕掛けたとすれば、安倍氏側にもそれまでの協調を破る不穏な動きがあったことは認めなければならないだろう。しかし、後述するように、頼義は陸奥守に任じられたにすぎず、けっして「追討将軍」に補任されたわけではない。

そもそも任期終了間際の受領が、貢納を完済するために強引な収奪を行い、現地で紛争を起こす事件は、当時頻発していた。朝廷も、当初から合戦を安倍氏の反乱とみなしていたわけではなく、ましてその追討を計画していたとはとうてい考えがたいのである。

平重成

頼義の起用については次節で詳しく取り上げることにして、ここでは受領側の「前鋒」として特筆されている、秋田城介平重成についても触れておこう。この重成（繁成とも）は、かの鎮守府将軍平維良《これよし》の息子で在地における後継者であった。ちなみに、維良と藤原諸任《もろとう》との抗争を描いた『今昔物語集《こんじゃくものがたりしゅう》』巻二五—五の説話にも名前が登場する維良の長男滋定《しげさだ》（繁貞）は、上洛して衛府《えふ》・検非違使《けびいし》などとして活動しており、その子孫も在京していた。繁貞から四代目にあたる維繁《これしげ》は、一世紀あまり後の保元《ほうげん》の乱に際し、検非違使として後白河《ごしらかわ》天皇側に参戦している（『兵範記《ひょうはんき》』保元元年〈一一五六〉七月五日条）。

出羽城司への補任

重成に関して注目されるのは、永承五年九月、長く補任が途絶えていた出羽城司（秋田城介）に彼が起用されたことにほかならない（『吾妻鏡《あづまかがみ》』建保《けんぽう》六年〈一二一八〉三月一六日条）。出羽の武官が復活した背景には、安倍氏の不穏な動きも関係した可能性がある。ただ、問題は重成の父維良も就任した鎮守府将軍ではなく、長らく空席となっていた出羽城司が復活した原因である。その一因は、安倍氏の強盛化により、鎮守府将軍の補任が難しかったことにあると思われる。同時に想起されるのが、野口実氏が指摘した清原《きよはら》氏と海道平氏《かいどうへいし》との血縁関係である（『中世東国武士団の研究』）。

重成と清原氏

氏によると、信憑性が高いとされる『桓武平氏諸流系図』の記載では、清原武則《たけのり》

【中条家文書所収「桓武平氏諸流系図」】

（野口実氏『中世東国武士団の研究』四一頁より）

- 国香
  - 貞盛
  - 繁盛
    - 維忠（出羽守　貞盛猶子）
    - 兼忠（上総介）
      - 高衡（左衛門尉）
        - 兼衡（左衛門尉）
          - 盛兼
    - 安忠（菊満〔菊田カ〕権守）
      - 武則（源頼義朝臣追討貞任等之時勠其力、仍蒙賞、為従五位上、蒙総〔鎮〕守府将軍、改平為清原真人、子孫同云々）
        - 家衡（為義家朝臣被誅）
        - 武貞（荒河大〔太〕郎）
          - 実平〔衡〕（清大夫）
            - 成平〔衡〕（海辺大小郎〔海遣小太郎〕　実直成子）
          - 清平〔衡〕（世号権大〔太〕郎御館　実四〔亘〕理権大夫藤経清子）
            - 基衡（世号奥御館　帯数万之師〔帥〕也）
              - 季衡〔秀〕（従五下　陸奥守　鎮守府将軍）
              - 康衡〔泰〕（為鎌倉大将家被誅　單）
                - 頼衡
              - 国衡（同上）
      - 貞衡（従五下　鎮守府将軍　号石城三郎大夫）
        - 近衡
        - 道綱

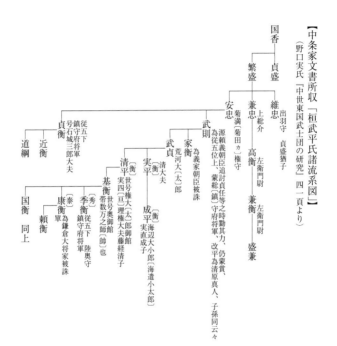

【平重成と越後城氏系図】

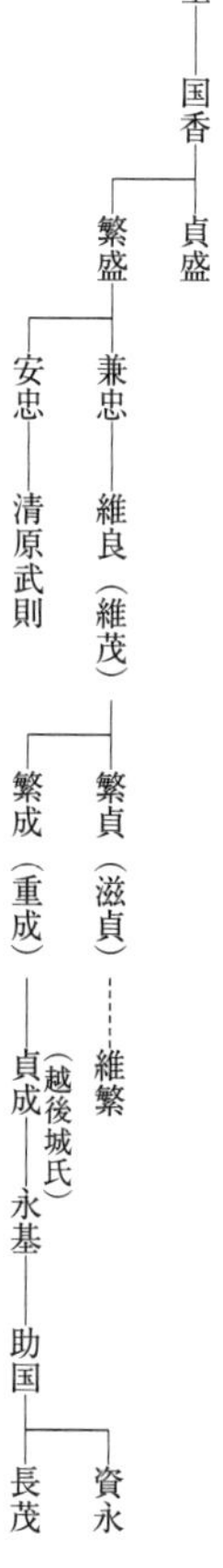

は平繁盛《しげもり》の子安忠《やすただ》の子で、清原氏に養子に入ったとされ、安忠の兄兼忠《かねただ》の子維良とは従兄弟の関係にあったという。野口氏は、後三年合戦《ごさんねんかっせん》の直前、継嗣のない清原真《さね》衡《ひら》が、海道平氏の成衡《しげひら》を養子に迎えたことも、この系図を裏付けるとした。これに従えば、平重成は清原武則の従兄弟の子ということになる。出羽国に君臨していた豪族清原氏の支援なくして、出羽城司が補任されることも、兵力を組織することもありえない。したがって、重成は清原氏の支援を受けて、出羽城司に就任したと見ることができる。

重成参戦の背景

かつて、貞盛流《さだもりりゅう》は鎮守府将軍として北方交易の利権を手にしていたが、今やそれは安倍氏に掌握されていた。重成は清原氏の支援を受けて、その奪回を目指すべく、陸奥守藤原登任の先鋒をつとめたのである。さらに、重成を支援した清原氏にも、安倍氏の利権を奪取しようとする動きがあったと見てよい。このことが、前九年合戦の最終段階に平繁盛流出身の清原武則が頼義側に参戦し、安倍氏を滅ぼす遠因ともなるのである。しかし、鬼切部合戦において、重成が受領とともに一敗地にまみれたことで、清原氏の動きもしばし鎮静化し、重成も歴史の表舞台から姿を消すことになる。

越後城氏

前九年合戦の結果、清原氏が事実上奥羽を制覇し、武則が鎮守府将軍に就任したことから、平重成は奥羽に対する介入を断念したものと考えられる。その子孫は、越後北部の鳥坂城《とつさかじょう》（現新潟県胎内市）を本拠地として源平争乱期に活動する城氏《じょうし》となる。また、出羽城司（秋田城介）は先述した鎌倉時代前期の建保六年（一二一八）に、鎌倉幕府の有力御家人安達景盛《あだちかげもり》が補任されるまで、再び空席となるのである。

三　頼義の登用

『陸奥話記』によると、鬼切部合戦の結果、頼義が陸奥守に起用されることになった。彼の補任は永承六年（一〇五一）のことで（『本朝続文粋《ほんちょうぞくもんずい》』）、すでに六四歳を迎えていた。当時としてはかなりの高齢といえる。先にも触れたように、頼義は長元九年（一〇三六）に相模守《さがみのかみ》に補任されたが、受領就任はそれ以来のことと見られる。相模守が一期に終わったのか、重任《ちょうにん》したのかは不明確であるが、仮に後者としても、陸奥守就任まで数年の空白期間があったことになる。

相模守の任期満了後の頼義については、『陸奥話記』に「任終わりて上洛せり」とあるにすぎず、陸奥守就任にいたるまでの事績は他の史料にも見いだされない。帰洛した頼義は、おそらく再び小一条院の側近として、奉仕に努めたものと考えられる。小一条院は永承六年の正月に死去しているので、頼義の陸奥守補任は院の死去後ということになる。したがって、陸奥守補任を院が指示したとは考えがたいが、長年にわたって院に伺候した功労が評価された面もあったのかもしれない。

鎮守府将軍就任の時期

さて、『陸奥話記』は、頼義が「追討将軍」に選ばれ、「征伐将帥の任を専に」し、陸奥守に鎮守府将軍を兼任して頼良の討伐に当たったとする。すなわち、最初から鎮守府将軍を兼任して、安倍頼良追討の使命を担って陸奥に下向したかのように記している。しかし、実際には頼義は、藤原登任の後任として陸奥守に任じられたにすぎない。さらに鎮守府将軍を兼ねたのも、受領就任から二年後の天喜《てんぎ》元年（一〇五三）のことであった。したがって、朝廷は最初から頼良を謀反人と見て討伐を計画したわけでもないし、頼義も追討を前提として下向したわけでもなかったのである。

頼義起用の背景

おそらく、朝廷は安倍氏の動きを抑え、不安定となった安倍氏と受領との関係を修復するために、頼義を起用したものと考えられる。頼義は、安倍頼良と協調した頼清の兄で、奥羽に人脈をもつ小一条院に仕えていた。さらに、貞盛流を継承して東国に軍事的基盤を有する武将でもあったから、かかる任務には最適の存在であった。朝廷も、頼義も、安倍氏と協調し、再び安定した陸奥支配を実現することを目指したのである。

頼良の服属

『陸奥話記』によると、頼義の着任早々に天下大赦があり、喜んだ安倍頼良は頼義との同名をはばかり、頼時《よりとき》と改名したという。以後、頼良改め頼時は頼義に服属し、陸奥国内は平穏であったとする。同書は、大赦による頼時の服属を、頼義が追討を回避した理由とするが、朝廷が最初から頼時（頼良）の討伐を意図していたわけではないので、安倍頼時が頼義に服属するのも当然であった。ちなみにこの大赦は、永承七年（一〇五二）五月、時の後冷泉《ごれいぜい》天皇の祖母上東門院《じょうとうもんいん》彰子《しょうし》の病気によるものと見られる。いうまでもなく、上東門院彰子は藤原道長の娘で、一条《いちじょう》天皇の中宮となり、後一条《ごいちじょう》・後朱雀《ごすざく》という二人の天皇の母となった女性である。かつて道長が外孫敦良《あつなが》親王（後朱雀）を強引に立坊させたことが、敦明《あつあきら》親王（小一条院）の東宮辞任をまねいたのであった。

鎮守府将軍の兼任

翌天喜元年（一〇五三）、頼義は長らく空席となっていた鎮守府将軍に就任し、陸奥守と兼任することになる。二つの官職を兼任したのは、平安時代初頭に征夷大将軍をも兼ねた坂上田村麻呂《さかのうえのたむらまろ》以来のことである。そして、鎮守府将軍は藤原頼行以来、四半世紀ぶりの復活であり、きわめて注目すべき人事といえる。なぜ頼義はこの時点で鎮守府将軍に任じられたのであろうか。

『今昔物語集』の説話

この補任の背景を示唆するのが、『今昔物語集』巻三一―一一「陸奥国安倍頼時、行胡国空返語《ここくにゆきてむなしくかえること》」の記述である。この説話は以下のような内容である。頼義は、「公《おおやけ》」に従わず戦いを挑んだ陸奥奥地の「夷《えびす》」、すなわち蝦夷を攻撃しようとした。安倍頼時はやましいことはないものの、夷と同心しているとして攻撃を受けることを恐れ、現在の北海道と見られる地域に移住を計画するにいたったが、遭遇した異民族に恐れをなして帰還し、それからほどなく頼義に討たれたというのである。この記事から考えると、頼義は蝦夷を討伐するために鎮守府将軍に任じられたことになる。

北方交易

また、安倍氏も巻き添えになると懸念されたことを考え合わせると、背景には安倍氏が仲介していた北方交易が関係していたのではないだろうか。桓武平氏貞盛流・藤原秀郷流の衰退とともに、安倍氏による貿易管理で貢納が安定した結果、鎮守府将軍は不要となったのである。しかし、貢納が不安定となったことで、蝦夷を討伐するとともに、疑念を抱かれた安倍氏に代わり、再び鎮守府将軍によって貿易管理を計画したと見ることができるだろう。おそらくは、鬼切部合戦や、出羽城司が復活した背景にも、同様の問題が関係していたものと考えられる。

しかし、安倍頼時の必死の奉仕や、蝦夷に対する工作が奏功したのか、頼義は蝦夷を攻めることはなかった。かくして、平穏に日々が過ぎたが、頼義の離任も目前となった天喜四年（一〇五六）、突如として大乱、前九年合戦が勃発するのである。

第一〇　前九年合戦の開戦

一　合戦の勃発

『陸奥話記』による開戦の経緯

天喜《てんぎ》四年（一〇五六）、ついに陸奥守頼義《むつのかみよりよし》は、安倍頼時《あべのよりとき》に対する攻撃に踏み切ることになる。前九年合戦《ぜんくねんかっせん》の火蓋が切って落とされたのである。開戦にいたる経緯を、『陸《む》奥話記《つわき》』は以下のように記している。

陸奥守の任期満了の年を迎えた頼義は、胆沢城《いさわじょう》の鎮守府《ちんじゅふ》で数十日を過ごした。この間、頼時は頼義を丁重にもてなしたばかりか、頼義はもちろん、その士卒にまで駿馬・金の財宝などを贈った。ところが、頼義が鎮守府を発って多賀城《たがじょう》の国府に帰還する途次、阿久利川《あくとがわ》付近で権守藤原説貞《ごんのかみふじわらのときさだ》の子ども光貞《みつさだ》・元貞《もとさだ》等の一行が何

胆沢城跡（岩手県奥州市・奥州市教育委員会提供）

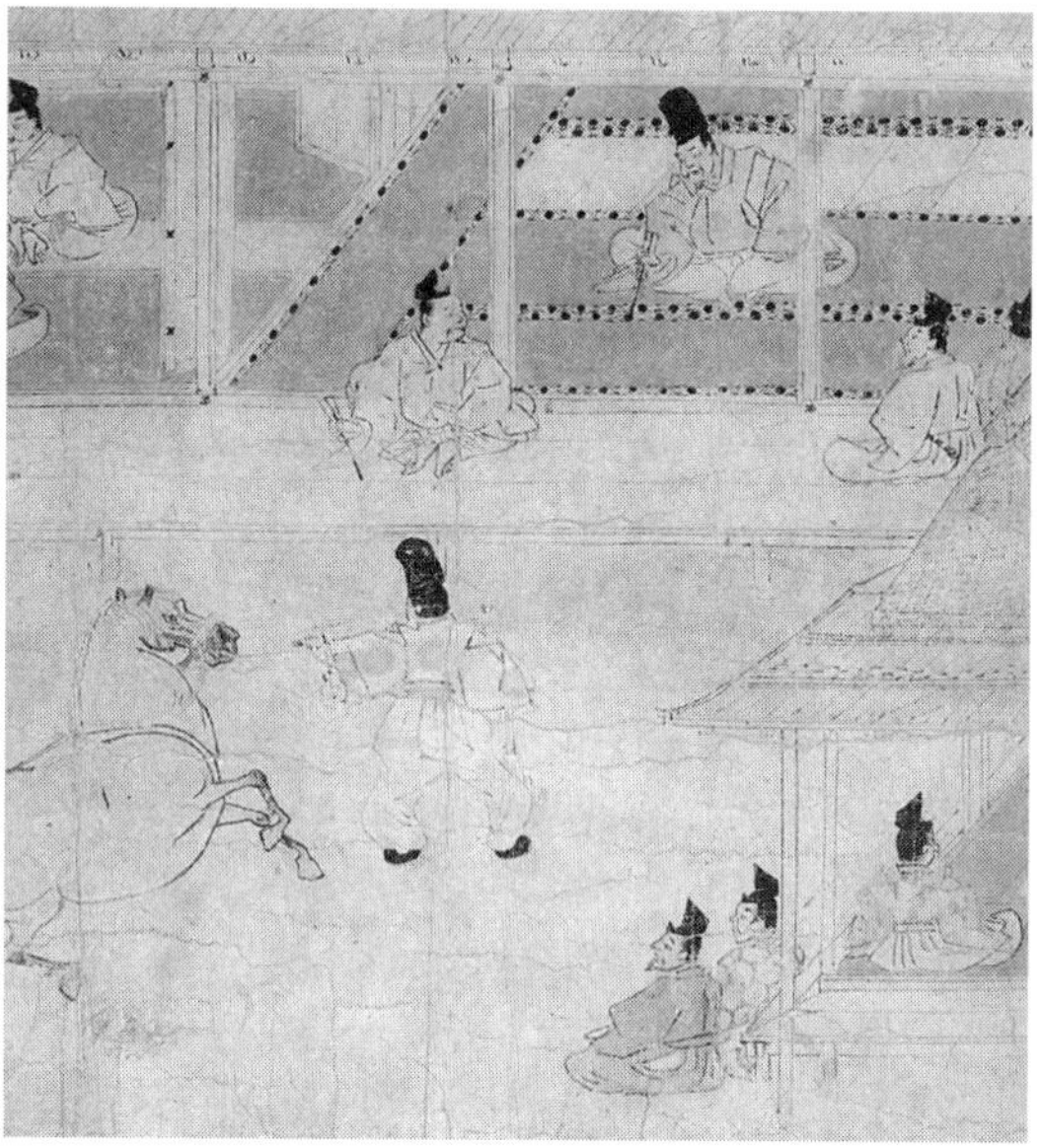

頼義を接待する頼時（東博本「前九年合戦絵巻」，東京国立博物館蔵）

者かに襲撃されたという報告を受けた。光貞が、妹との縁談を断られた頼時の息子貞任《さだとう》を犯人と訴えたことから、怒った頼義はただちに貞任の処罰を命じる。頼時は怒り、衣川関《ころもがわのせき》を塞いで徹底抗戦の構えを見せたため、ついに頼義は安倍氏追討を命じるにいたったという。

頼義の挑発とする説

しかし、以上の開戦の経緯については多くの疑問が呈されている。それまで従順であった安倍氏が、頼義の任期満了直前に頼義の配下に対して突然攻撃を仕掛けることは考えがたいし、藤原説貞一族の言い分を一方的に受け入れて、頼義が貞任の処罰を強行しようとしたこともあまりに不自然である。このため、『陸奥話記』の記述は虚構とみなされ、開戦の真相については、さまざまな議論がなされてきた。

昔から有力であったのは、陸奥に対する領土的野心に燃える頼義が、任期の最後に安倍氏を挑発したとする理解である。頼義は就任当初から攻撃の口実を求めたが、安倍頼時が隙を見せなかったために、最後に言いがかりをつけて強引に戦端を開いたとする説、あるいは頼時から奉仕を引き出すだけ出させて、最後に滅亡に追い込もうとしたとする説などが提起されてきた。しかし、任期満了により帰京する頼義が、陸奥に「領土」を獲得できるわけではない。また、受領《ずりよう》は安定した統治を朝廷に評価され、さらなる官職の上昇を望むのが当然であり、国内の大きな混乱をもたらす戦闘を受領が仕掛けるのは、異常な事態といわなければならない。しかも、すでに七〇歳を迎えようとしている高齢の頼義が、自ら進んで危険な賭けに出ることは考えがたいのである。

在庁官人らの思惑

これに対し、頼義離任とともに再び安倍氏の圧力を受けることを恐れた陸奥の在《ざい》庁《ちよう》官人《かんじん》や、土着を目指した権守藤原説貞一族らの思惑を重視する意見が提起された。安倍氏の台頭は、当然在庁官人や土着した豪族たちとの軋轢《あつれき》を増大させ、安倍氏と他の豪族との対立が激化していた。安倍氏は頼義には服属したものの、当然彼が離任すれば他の豪族に圧力を加えることが予想される。説貞らは、頼義の離任を前に、強引に安倍氏との紛争を惹起し、安倍氏に一撃を加えるために、頼義を合戦に引き込んだのではないだろうか。

婚姻をめぐる軋轢を紛争の発端とする『陸奥話記』の記述は不自然ではある。しかし、主要な読者である貴族たちにしてみれば、興福寺《こうふくじ》再建にも名を連ねた権守藤原説貞一族が、長年陸奥に暮らし、「蝦夷《えみし》」と見下される安倍氏との婚姻を拒否するのは当然で、それに対する安倍氏の逆恨みを開戦の理由とすることは受け入れやすい説明だったのかもしれない。また、かつて安倍氏が陸奥権守として権力を築いたと見られることを想起すれば、権守となった説貞一族も、頼義の武威を利用して安倍氏に取って代わろうとする野心を抱いたのではないだろうか。日常的な対立が高まるなかで、関係の改善を求めて安倍氏が婚姻を要請したのに対し、これを説貞一族が断ったことから紛議が起こり、ついに衝突が発生したものと考えられる。

藤原説貞一族の野心

頼義の決断の背景

頼義が安倍氏攻撃を決断した背景には、彼も安倍氏を必ずしも信頼してはいなかったことがあった。前任の藤原登任《なりとう》との衝突、蝦夷との交易をめぐる摩擦、後述するように、鎮守府を見下ろす安倍氏の本拠鳥海柵《とのみのさく》の存在と、立ち入りの拒否をめぐる軋轢、さらには日ごろ権守説貞らから聞かされた安倍氏に対する批判等々を通して、頼義は安倍氏に強い警戒心を抱いていたものと考えられる。説貞一族と安倍氏との交戦の開始とともに、安倍貞任に対する処罰を命ずるにいたったのである。

ただ、頼義には安倍氏を滅ぼすといった野心まではなかったと見られる。そうしたつもりがあれば、あらかじめ朝廷に安倍氏の危険性を訴え、追討官符を容易に得られる工作をしていたことであろう。これまでの安倍氏の姿勢から、頼義は武威によって容易に安倍氏を屈服させられると予想していた可能性もある。仮に反抗しても、一撃を加えれば安倍氏は降伏し、説貞らとの関係を調停し、衝突の再燃を防ぐことができると考えたのではないだろうか。

双方の思惑

開戦に際して頼義の念頭にあったのは、常陸の受領としてたちまちに平忠常を屈服させた父頼信の姿に相違ない。同時に平穏に陸奥を統治し任期を全うした弟頼清に対比して、紛争を防ぎきれなかったことへの悔恨、あるいは任期満了直前に安倍氏と戦って敗れ、面目を失した前任者藤原登任の惨めな姿も脳裏を過《よぎ》ったことであろう。それだけに、得意の武威を示し、事態の解決を図る決断をしたものと考えられる。これに対し安倍氏側は、衣川関を閉じて立てこもった。おそらく、時間を稼ぐうちに任期満了を迎えた頼義は京に去ると考えたのであろう。

土着の増加と矛盾

むろん陸奥における紛争の勃発は、たんに個人の思惑や謀略のみが原因だったわけではない。大石直正氏によると、このころ土着した受領郎従や任用国司たちは、自身の所領を摂関家領荘園に寄進することで安倍氏に対抗しようとし、このことが矛盾を激化させていたとされる(『奥州藤原氏の時代』)。陸奥では、鎮守府将軍《ちんじゅふしょうぐん》の不在と安倍氏の勢力拡大、その一方で軍事貴族の土着が進行しており、安倍氏と他の豪族たちとの矛盾が激化しつつあった。その結果が鬼切部《おにきりべ》合戦にほかならない。その後を受けた頼義は、武威によって安倍氏と在庁官人等の間を調停し、一方で安倍氏を従属させながら、もう一方では在庁官人らの寄進を摂関家に取り次いでいたものと見られる。頼義の下で一時的に隠蔽されていた矛盾は、実はさらに進行しており、彼の離任を契機として、ついに激発したのである。

二　合戦の展開

軍兵の動員

簡単に屈服するという予想に反して、安倍氏が衣川関を閉じて徹底抗戦するという強硬な態度に出たことで、怒った頼義は「大に軍兵を発」した。そして『陸奥話記』によると、「坂東の猛き士、雲のごとくに集まり、雨のごとくに来る。歩騎数万、輜人戦具《しじんせんぐ》重なりて野を蔽《おお》」う有様であったと述べる。同書は、相模守在任中から頼義が多くの東国武士と主従関係を締結していたことを強調しており、この結果、頼義が東国武士を大量に動員できたとする。

『陸奥話記』の誇張

むろん後述する佐伯経範《さえきのつねのり》のように、相模で荘官の地位を得て、東国に居住した郎等が存在したことは否定できない。とはいえ、当時の荘園の数から見ても、その数が雲霞のごときものであろうはずはないし、その後の合戦の経緯を見れば、膨大な東国武士が参入したなどとする『陸奥話記』の叙述が、文学的修辞にすぎないことは明白となる。こうした私兵の動員に対する過大評価が、頼義を開戦の首謀者とする短絡的な見方にもつながったといえる。

追討官符発給の時期

合戦が開始されても、朝廷はただちに安倍氏の行動を反乱とみなすことはなかった。頼義も、短期間で決着がつく戦闘と見ていた可能性が高い。公的な追討命令である追討官符や宣旨が下されたのは、合戦が深刻化した結果であり、開戦からかなり時間を経た後と見られる。南北朝時代の編纂史料である『帝王編年記《ていおうへんねんき》』は、天喜四年（一〇五六）八月三日に宣旨が下されたとするが、平安時代に僧皇円《こうえん》が編纂した『扶桑略記《ふそうりゃっき》』は、翌五年、後述する安倍頼時が戦死した後に官符が下されたとする。

頼義の重任

また、開戦した天喜四年の一二月には、頼義の後任として文官である藤原良経《よしつね》が陸奥守に補任されたが、戦乱のうわさを聞いた彼が赴任しなかったために、結果的に頼義が重任《ちょうにん》されている。こうした事情を考えれば、開戦からしばらくは朝廷も事態を重視せず、追討官符が下されることはなかったと見られる。開戦が突発的であり、朝廷がもともと安倍氏の行動をそれほど問題視していなかったことを物語る。

平永衡の殺害

しかし、事態は容易ならざる方向に進むことになる。安倍氏の徹底抗戦で、頼義側の足並みに乱れが生ずるのである。開戦の当初、安倍頼時の女婿である陸奥在住の有力武将平永衡《たいらのながひら》、藤原経清《つねきよ》はともに岳父に背き、頼義側に参戦していた。在庁官人などとして、頼義を支えてきたことを考えれば当然のことであった。彼らは京で活躍した武将であったが、受領郎従などとして陸奥に下向し、土着していたのである。地元の有力な武将を組織した頼義は、安倍氏に対して優位にあったと考えられる。永衡は、かつて陸奥守藤原登任の受領郎従として下向しながら、鬼切部《おにきりべ》合戦で登任を裏切り、安倍頼時に従った過去を有していた。『陸奥話記』によると、今回も同様に離反しようとしているとする讒言《ざんげん》を信じた頼義は、永衡主従を殺害してしまったという。これに驚いた経清は身の危険を感じ、混乱に乗じて八〇〇騎の軍勢と共に、頼時のもとに走ったのである。

頼義軍の内部対立

頼義の短慮を物語る逸話であるが、永衡処刑にいたる讒言の背景には、頼義に従っていた豪族・在庁官人等相互の間に深刻な対立があったと考えられる。婚姻を拒否してあくまで安倍氏と戦おうとする権守藤原説貞一族と、安倍頼時の女婿である平永衡・藤原経清等との間には大きな立場の相違があり、戦闘に対する姿勢や行動に顕著な相違があらわれたものと思われる。このことが、安倍氏の反抗に苛立つ頼義の疑念を招き、ついには讒言を信じて粛清を行う原因となったのではないだろうか。先に触れたように、頼信《よりのぶ》が平忠常《ただつね》を屈服させることに成功したのは、常陸国内における平惟基《これもと》以下の豪族を組織できたためである。その点で、頼義は十分な戦闘態勢を作っていたとはいいがたい。

安倍頼時の戦死

早期解決の可能性が消えた頼義は、安倍一族との全面戦争に踏み切ることになるが、味方の足並みが揃わないばかりか、凶作に見舞われて兵糧も不足する事態となった。そこで頼義は臣下の金為時《こがねのためとき》・下毛野興重《しもつけぬのおきしげ》らに命じて奥地の俘囚《ふしゅう》を説得させた。このため、彼らは安倍富忠《とみただ》を首領として金為時に従おうとした。これを制止しようとした安倍頼時は、富忠が設けた伏兵に射られて負傷し、鳥海柵に帰還して死去するのである。鎌倉時代の編纂史料である『百練抄《ひゃくれんしょう》』によると、天喜五年七月二六日のことであった。

「奥の地の俘囚」の実態は不明確であるが、おそらくは北方交易の担い手であったと考えられる。頼義が鎮守府将軍に就任し、攻撃を企図した対象も彼らであろう。頼義の介入を招いたのは、交易が順調ではなかったためと見られる。おそらく、安倍氏と奥の俘囚との関係も不安定な面もあったために、頼義が安倍氏に対する攻撃を誘ったのであろう。開戦とともに、さまざまな矛盾が激発し、大乱に発展していったのである。

三　黄海合戦と頼義の武力

前九年合戦の序盤の形勢を決定したのが、天喜五年（一〇五七）一一月に勃発した黄《き》海《み》合戦であった。黄海は現在の岩手県一関市藤沢町とされ、北上川に沿った岩手・宮城県境に近い場所である。ここで、陸奥守源頼義率いる官軍一八〇〇騎が、安倍貞任軍四〇〇〇騎に大敗を喫し、数百人もの戦死者を出すにいたった。以後、頼義は逼塞《ひっそく》し、安倍氏が軍事的主導権を掌握することになる。

無謀な合戦

このとき、頼義側は有力な在庁官人である藤原経清等の離反で、人数に限界があった。数値の信憑性に問題はあるが、頼義軍の規模から見て、経清配下八〇〇騎の離反はきわめて大きな打撃となったと考えられる。しかも兵糧も乏しく、極寒の一一月に北方の敵地に乗り込んで合戦を遂げたのであるから、当初から勝利の可能性はきわめて低いものであった。それにもかかわらず、なぜ頼義は無謀な合戦を挑んだのであろうか。

焦慮の背景

この背景には、朝廷の態度があった。先述のように、頼義は安倍頼時が戦死した旨の国解《こくげ》を送り、官符によって諸国の武士・兵糧の支援を求めた。しかし、『陸奥話記』によると、「群《もろもろ》の卿《きみ》の議《はかりごと》、同じからずして、いまだ勲賞」は行われず、しかも九月二三日には、官使の下向が決定（『百練抄』）したとあって、頼義の戦果や戦闘の正当性について朝廷が疑問視していたことがわかる。頼義は、朝廷の信任を得

（歴博本「紙本著色前九年合戦絵詞」，国立歴史民俗博物館蔵）

頼義を迎撃する安倍貞任・宗任兄弟たち

て恩賞を獲得し、さらに諸国武士・兵糧徴集等の支援を受けるために、官使の到着前に追討の実績を挙げる目的で強引な軍事行動を行ったものと考えられる。また、頼時を殺害した安倍富忠以下、奥地の蝦夷との挟撃を期待したと見られるが、実現しなかった。

頼義の危地

『陸奥話記』によると、頼義は数百人にのぼる戦死者を出して大敗し、全軍が潰走するなか、頼義は嫡男義家《よしいえ》以下わずか七騎となり、二〇〇騎の敵軍に包囲され、絶体絶命の危地に陥った。この時、当時まだ一九歳の若武者であった義家が、鬼神のごとく百発百中の射芸を示して敵将を次々と倒し、また郎従たちも決死の活躍をした結果、頼義以下は辛くも危機を脱したという。一行が重大な危機に陥り、激戦の末に包囲を脱したのは事実であろう。ただ、この時に彼らが命を永らえた背景には、おそらく受領殺害をあえて回避した、貞任らの判断もあったものと考えられる。

頼義の側近

一方、この時に頼義の側近にあった武士こそ、彼の腹心中の腹心ということになる。その五騎とは、修理少進《しゅりのしょうしん》藤原景通《かげみち》、大宅光任《おおやけのみつとう》、清原貞広《きよはらのさだひろ》、藤原範季《のりすえ》、同則《のり》

騎射する義家〈画面右上〉（歴博本「紙本著色前九年合戦絵詞」，国立歴史民俗博物館蔵）

明《あきら》であった。

藤原景通

このうち、藤原景通は京で官職を有する軍事貴族で、藤原氏時長流《ときながりゅう》に属し、北陸で発展する藤原利仁《としひと》の子孫である。第四で先述した『今昔物語集』巻二五―一一にも登場する頼信の乳母子兵衛尉《ひょうえのじょう》親孝《ちかたか》の甥にあたり、黄海合戦で討死する息子景《かげ》季《すえ》もまた頼義の「親兵」であったから、河内源氏とは重代相伝の主従関係にあった。一族は受領郎従として、河内源氏と行動を共にしていたのである。のちに景通は加《か》賀介《がのすけ》に任じ、子孫は加藤氏を称すことになる。本拠は伊勢にあったが、彼の子孫加藤景廉《かげかど》・景員《かげかず》等は伊勢の所領を平氏家人伊藤氏に奪われたために伊豆に流浪することになる。そして、頼朝挙兵に際して奮戦したことは、『吾妻鏡』に詳述されている。

大宅光任

ついで、大宅光任は駿河の武士である。『大宅系図』によると「大夫」、すなわち五位を帯びていたから、在京活動を行っていたことになり、京において主従関係を締結した可能性が高い。義家の郎等として後三年合戦にも従軍しており、子光房《みつふさ》も義家家人であった。したがって、この一族も河内源氏と重代の主従関係にあったことになる。

藤原則明

藤原則明は鎌倉御家人後藤氏の祖で、景通と同じく藤原氏時長流の武士であり、京で彼自身は内舎人《うどねり》にとどまるが、父則経は受領に、子孫は衛府の尉などに任じられた軍事貴族の一族にほかならない。第三で述べたように、摂関家領坂門牧《さかとのまき》を支配する坂門源氏の養子となった則経の息子で、河内源氏の本領に近い河内の武士であった。年老いてから白河院に近侍し、前九年合戦を語ったとする説話が『古事談《こじだん》』(四—二二)に見える。

残る清原貞広・藤原範季については、残念ながら世系不明である。しかし、他の三人から判明するように、頼義の側近だった武将は京から随行した、おそらくは受領郎従であったと考えられる。

佐伯経範

これに対し、「東国武士」の代表といえるのが、相模の武士佐伯経範である。彼は頼義に従って三〇年であったが、頼義戦死の誤報に接して敵陣に突入し、殉死するにいたった。東国武士と頼義との情宜的主従関係の代表ともいえる存在だが、第八でも述べたように、彼は秀郷流《ひでさとりゅう》藤原氏の武将で、京で活動していた軍事貴族であった。頼義とは京で主従関係を結び、冷泉宮儇子《れいぜいのみやけんし》領である相模国波多野荘《はたののしょう》の荘官に推挙されたと見られる。彼も東国ではなく、京で頼義と結びついた武将だったのである。頼義のころ、宇都宮《うつのみや》（八田）・大中臣《おおなかとみ》（中郡）・葛西《かさい》氏など、元来在京していた武者が東国に下向しており、経範と同様に頼義から荘官などの地位を与えられた可能性が高い。頼義配下の東国武士とは、こうした京から下向した武士たちだったと見られる。

ただ、黄海合戦において、東国武士と考えられる存在は佐伯経範以外に見られない。同様に殉死した和気致輔《わけのむねすけ》・紀為清《きのためきよ》、それに出羽の武士とある平国妙《くにたえ》も散位《さんに》とあって、在京経験を想起させる。このように、頼義のもとに多数の東国武士が来援し、彼らこそが頼義の中心的武力であったとする『陸奥話記』の記述には、疑問を抱かざるをえないのである。

頼義の窮状

黄海合戦で敗戦した後の頼義は、事実上逼塞を余儀なくされることになる。多くの将兵を失った頼義は、朝廷に諸国兵士の徴発を依頼するものの、援軍は到来しなかった。隣国の出羽守《でわのかみ》源兼長《かねなが》も支援しなかったため、朝廷は兼長を解任し、武門源氏満政流《みつまさりゅう》の源斉頼《ただより》を出羽守に任命する。すでに触れたが、満政は満仲《みつなか》の弟で、斉頼は満政の孫にあたる。彼の弟重隆《しげたか》は小一条家《こいちじょうけ》出身である平維叙《これのぶ》の外孫で、頼義と深い関係にある小一条家とのつながりも有した武将であった。しかし、斉頼もまた出撃することはなかった。おそらくは、清原氏の動向によって制約を受けたのであろう。

安倍氏による宮物奪取

こうした頼義を尻目に、貞任軍は本来の支配領域奥六郡《おくろくぐん》を出て、衣川以南の国府支配領域にも進出した。藤原経清らは数百騎を率い「官物《かんもつ》」を徴集するにいたった。頼義は、制止することができず、朝廷への貢物を眼前で奪われるという、受領として最大の屈辱を味わうことになったのである。なお、朝廷は頼義の任期切れとともに、文官受領高階経重《たかしなのつねしげ》を任じて、安倍氏追討に消極的な姿勢を示している。この背景には、安倍氏が長年朝廷に恭順の意を示し、貢納《こうのう》を怠らなかったことがあったのではないだろうか。

第二　前九年合戦の終結

一　清原氏の来援

追討放棄の方針

康平《こうへい》五年（一〇六二）、頼義《よりよし》はなすすべもなく、陸奥守《むつのかみ》の二度目の任期満了を迎えようとしていた。受領《ずりょう》は原則として重任《ちょうにん》後の再任はありえないことになっていた。そして朝廷は、新国司として文官の高階経重《たかしなのつねしげ》を補任《ぶにん》したのである。もしも戦闘を継続させるなら、追討使頼義を補佐する軍事貴族の受領補任が当然であった。それにもかかわらず、文官が任命されたことは、戦闘が膠着状態に陥ったことから、朝廷が戦闘に消極的になったことを物語る。追討使の更迭ともなれば、小一条院《こいちじょういん》の下で築いてきた頼義の武名も失墜することになるのである。かつて、忠常《ただつね》の乱鎮圧に失敗して凋落を余儀なくされた平直方《たいらのなおかた》の運命が待ち構えていた。そうなれば、弟の頼清《よりきよ》流こそが押しも押されもしない河内源氏《かわちげんじ》嫡流の座を占め、河内源氏の性格も大きく異なるものになったであろう。

追討の継続

新国司高階経重は現地に下向したが、「人民」は頼義の指示に従ったという。人民とは安倍《あべ》氏と敵対した在庁官人《ざいちょうかんじん》らを意味する。彼らにしてみれば、追討が放棄されたならば、その後に安倍氏の報復を受けることは確実であり、何としても戦闘の継続を希望するのは当然であった。また、出羽山北《でわせんぼく》の「俘囚《ふしゅう》」の主清原光頼《きよはらのみつより》・武則《たけのり》に対する勧誘工作に期待していた可能性もある。頼義は、最後の手段として清原氏を「甘き言」で説得し、「奇珍《めづら》しきもの」を贈ったという。まさに頼義は、清原氏に礼を尽くし支援を要請したことになる。このことが原因となって、息子義家《よしいえ》は後三年合戦《ごさんねんかっせん》の際に、清原家衡《いえひら》側に立った藤原千任《ふじわらのちとう》という武将から、清原氏の家人と罵倒されるほどであった。

清原武則の来援

はたせるかな、同年七月、清原武則は一万余の兵を統率し、陸奥に来援するにいたった。八月九日、頼義は三〇〇〇騎を率いて坂上田村麻呂《さかのうえのたむらまろ》が軍勢を駐屯させた故地である営岡《たむろがおか》（現宮城県栗原市）で合流した。受領軍より地元豪族軍が圧倒的に多いが、これは第四で述べた『今昔物語集《こんじゃくものがたりしゅう》』巻二五―九に描かれた、平忠常追討における頼信の軍事編成が、地元の武力に依存したものであったことと同様である。

八月一六日、合流した軍勢は七陣に編成され、それぞれを統率する押領使《おうりょうし》が定められた。本来、押領使は兵員を統率し、移動させる役職であったが、将門《まさかど》の乱頃から諸国に設置された治安維持を担当する役職の呼称となり、合戦で指揮に当たるようになった。この場合も、陣の統率者であるとともに、後述するように、合戦でも指揮を執る部隊長の役割を果たすことになる。『陸奥話記《むつわき》』によると、諸陣の押領使は以下のとおりであった。

諸陣の押領使

第一陣は、清原武則の息子武貞《たけさだ》、第二陣は武則の甥である橘貞頼《たちばなのさだより》、第三陣はやはり武則の甥にあたる吉彦秀武《きみこのひでたけ》、第四陣は橘貞頼の弟同頼貞《よりさだ》、第五陣全体の押領使は頼義であるが、さらに三陣に分かれており、一陣が頼義、二陣が武則、三陣が在庁官人であった。第五陣が本営であることはいうまでもない。第六陣は吉美侯武《きみこのたけ》忠《ただ》、第七陣は清原武道《たけみち》であった。彼らの系譜関係は不明であるが、その姓から判断して清原一族であることは間違いないだろう。したがって、全七陣中、本陣にあたる第五陣以外の諸陣を清原方の武将が統率していたことになる。

これによると、頼義の直属軍や国衙の在庁官人らの武力は第五陣中の一・三陣のみであった。むろん、本陣である第五陣の兵力は他よりもはるかに多かったと思われるが、それにしても軍勢の大半は清原側が率いるものであった。『陸奥話記』は、頼義軍を三〇〇〇とするが、実際にはこれに遠く及ばなかった可能性が高い。

清原氏の出自

この清原氏について、先述のように『陸奥話記』は、清原氏を出羽国山北の「俘囚の主」と記すが、真人《まひと》の姓をもち、乱以前から五位の位階を有している。清原氏の政治的地位は、まさに中央軍事貴族に匹敵するものであり、安倍氏と同様に蝦夷出身の俘囚とはとうてい考えがたい。このため、元慶《がんぎょう》二年（八七八）に出羽国における蝦夷の反乱鎮圧に下向した、軍事官僚清原令望《よしもち》の子孫とする説が有力である。五位という位階から考えて、清原氏はたんなる在庁官人を凌駕する地位にあった可能性が高い。五位という高い政治的地位を保持した背景には、たんに清原氏の血筋だけではなく、京との政治的関係や、野口実氏が指摘する桓武平氏繁盛流《かんむへいししげもりりゅう》（海道平氏《かいどうへいし》）との密接な擬制的血縁関係があったと見られる（『中世東国武士団の研究』）。第九でも先述したように、『桓武平氏諸流系図』によると、清原武則も本来は平氏出身であったとされる。

清原氏来援の背景

鬼切部《おにきりべ》合戦で陸奥守登任《なりとう》の先鋒となった平重成《しげなり》は武則の同族であり、第九で先述したように、彼が出羽城司に任じられた背景には、出羽の実権を掌握する清原氏の支援があったと考えられる。清原と安倍両氏は、奥羽山脈を挟んで隣接する地域を支配する豪族同士で、姻戚関係が存した可能性も指摘されている。反面、類似した立場であっただけに、北方交易の利潤を安倍氏が事実上独占したことに不満を抱いたと考えられる。出羽を基盤として安倍氏に戦いを挑んだ平重成の行動は、清原氏が北方交易への野心を抱き、重成を支援した所産と見ることができるだろう。元来、小一条家と結んで陸奥守・鎮守府《ちんじゅふ》将軍《しょうぐん》として北方交易の利権を掌握していた桓武平氏貞盛流《さだもりりゅう》とつながりを有する武則等が、利権奪回の野心を抱くのも当然であった。武則の頼義支援は、まさにその延長線上にあったといえる。またそうした清原氏の姿勢を見抜いたがゆえに、頼義も必死の参戦工作を行ったのである。

清原一族の逡巡

注意されるのは、その参戦時期が頼義の任期満了直後であったことにほかならない。もはや、朝廷も追討を放棄しようとした時期であり、この機を逃せば参戦の機会はなかったのである。清原氏が参戦をめぐって、極限まで逡巡していたことを示す。その背景には、安倍氏との関係をめぐる、清原氏内部の路線対立があったと考えられる。すなわち、安倍氏の勝利を消極的に支援し共存を目指す路線と、安倍氏の強大化を懸念し追討官符を利用して討滅を図り、利権をも奪取しようとする路線との競合である。

参戦の決断

この路線対立のなかで、清原氏が最終的に安倍氏攻撃に踏み切ったのはなぜだろうか。鬼切部における平重成らの敗北に続き、前九年合戦においても、安倍氏の勝利が濃厚となりつつあった。それだけに、介入は容易ではないが、反面安倍氏の勝利と、その権力の肥大化は、清原氏にも大きな脅威となる可能性があった。逆に頼義に協力し安倍氏攻撃に加われば、追討官符を背景にしているだけに、攻撃の正当性が保障され、利権の奪取ばかりか、官位授与をはじめとして、朝廷からも大きな恩賞が約束されることになる。清原氏内のせめぎあいの結果、ついに清原武則が頼義側に参戦するにいたったのである。

二　頼義の勝利

小松柵への攻撃

頼義と清原氏との連合軍は、早速行動を開始する。諸陣を定めた翌一七日、偶発的な衝突から、安倍貞任《あべのさだとう》らの叔父良昭《りょうしょう》の拠点小松柵《こまつのさく》（現一関市）に対する攻撃が始まる。難攻不落の地形であったが、兵士深江是則《ふかえのこれのり》・大伴員季《おおとものかずすえ》が決死の覚悟の二〇人ばかりを率いて城内に突入したため、城内は大混乱に陥った。これに対し、安倍宗任《むねとう》が八〇〇余騎を率いて突撃し、連合軍の前陣を打ち破ったが、第五陣の軍士が宗任軍を打ち破った。この軍士とは頼義麾下《きか》の坂東の精兵であったという。ここで名前が挙がっているのは、平真平《まさひら》・菅原《すがわらの》行基《ゆきもと》・源《みなもとの》真清《さねきよ》・刑部《おさかべの》千富《ちとみ》・大原《おおはらの》信《のぶ》助《すけ》・清原貞廉《さだやす》・藤原兼成《かねなり》・橘孝忠《たかただ》・源親季《ちかすえ》・藤原朝臣時経《ときつね》・丸子宿禰《まりこのすくね》弘政《ひろまさ》・藤原光《みつ》貞《さだ》・佐伯《さえきの》元方《もとかた》・平経貞《つねさだ》・紀《きの》季武《すえたけ》・安陪《あべの》師方《もろかた》の一六名である。清原武則配下の活躍に対し、頼義直属軍団の功績を強調した記述であろう。しかし、一六名のうち世系が推測できるものは、わずかにすぎない。

このうち藤原兼成は、藤原秀郷流《ひでさとりゅう》の鎮守府将軍頼行の孫で、『尊卑分脈』に「吾妻権守《ごんのかみ》」とある武将と見られる。また佐伯元方は、相模の豪族糟屋《かすや》氏の祖とされる武将であった。しかし、藤原光貞は例の「阿久利川《あくとがわ》」事件の張本人となった権守説貞《ときさだ》の子にほかならない。頼義配下に相違はないが、『陸奥話記』のように、単純に「坂東の精兵」とする点には疑問もある。なお、同書において、清原氏との合流後の合戦で頼義郎等の活躍が描かれているのは、この部分のみである。

小松柵の攻略

このほか、七陣の押領使清原武道が、安倍宗任の遊軍による奇襲を退けており、押領使はたんに軍勢の移動を担当したのではなく、諸陣の指揮官として戦闘に臨んだことを意味する。かくして、頼義・清原連合軍は小松柵を攻略し、緒戦に勝利を収めた。敵将六〇名余りを討ち取る戦果を挙げたが、連合軍も一三名の戦死者、一五〇名にのぼる負傷者を出したため、追撃を断念したという。

貞任軍の撃退

その後、頼義・清原連合軍は、霖雨など天候の悪化もあって兵粮が不足したため、兵のうち四〇〇〇人余りを兵糧徴集に向かわせ、軍勢は六五〇〇人に減少してしまった。これを聞いた貞任は、九月五日、八〇〇〇余人を率いて頼義側を攻撃するにいたった。この時、頼義が兵力不足を不安視したのに対し、清原武則は兵糧欠乏の時期に敵に篭城されると長期戦となる恐れがあっただけに、むしろ貞任の攻撃を好機とする旨を進言し、頼義を励ましている。合戦は、義家・義綱の活躍もあって連合軍が圧勝した。頼義が負傷した将兵を見舞う間、武則は八〇〇騎を率いて暗夜に貞任の陣営を奇襲したため、貞任軍は衣川関《ころもがわのせき》に敗走した。

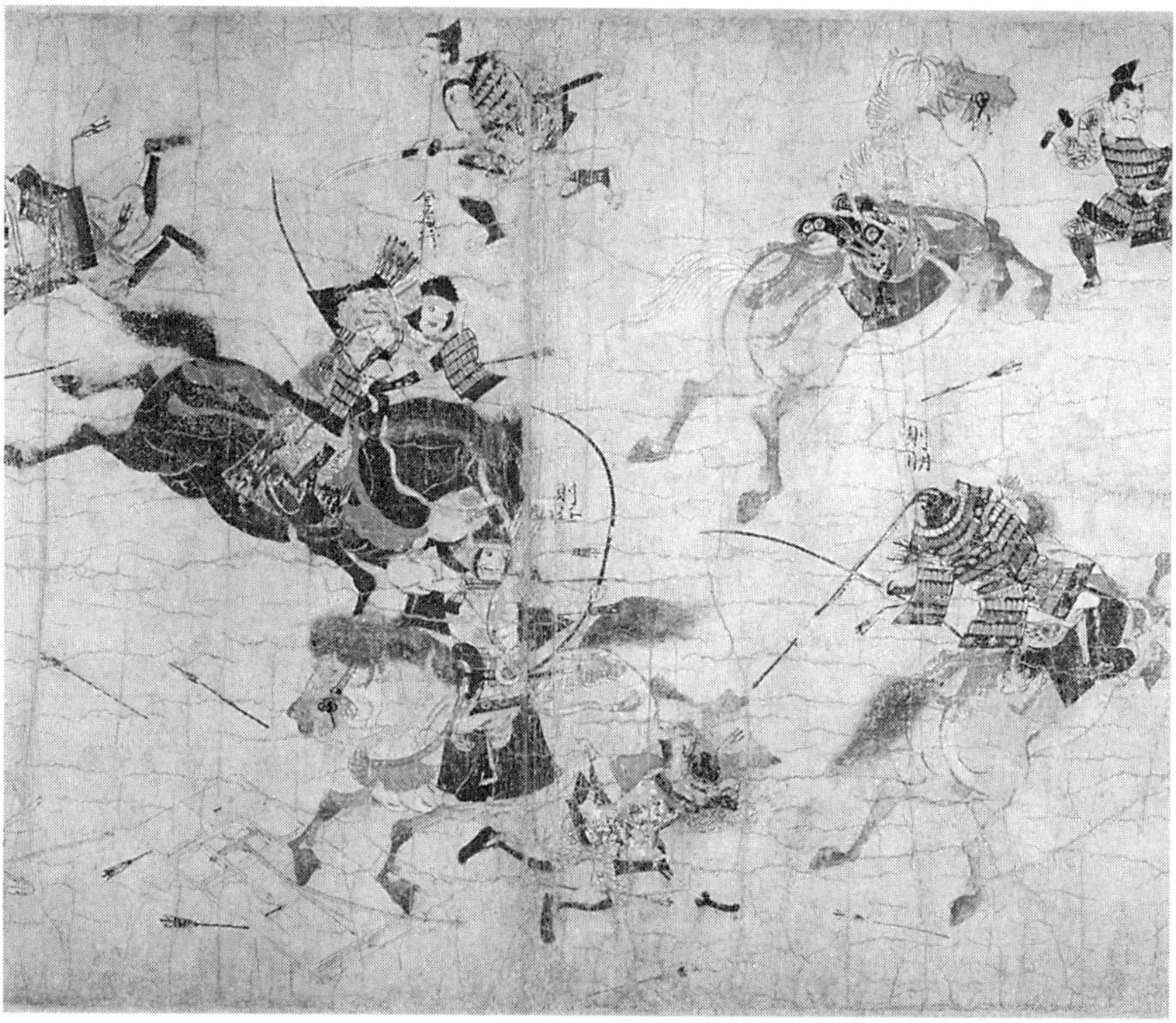

両軍の激闘（歴博本「紙本著色前九年合戦絵詞」，国立歴史民俗博物館蔵）

衣川関の攻略

頼義は、六日、衣川関を攻撃した。同所は険阻な地形であり、しかも周囲の河川も霖雨で増水していたために、攻略は難航した。清原武貞・頼貞、そして武則の三人の押領使がこれを攻めたが、九名の戦死者、八〇名余りの負傷者を出した。そこで武則の命を受けた「久清《ひさきよ》」という兵士が、危険を冒して渡河し、貞任の腹心藤原業近《なりちか》の柵に放火したことから、動転した貞任は防戦することもなく、衣川関を放棄して鳥海柵《とのみのさく》（現岩手県金ケ崎町）に逃亡するにいたった。貞任側の死傷者は七〇名余りであったという。

『古事談《こじだん》』（四―一六）では、出家遁世した頼義は、滅罪生善《めつざいしょうぜん》に励んだが、その「勇猛強盛《ごうじょう》の心、昔、衣河の館ををとさむと思ひし時に違はず」と称したという。衣川館攻略に激しい闘志を燃やしたことになる。また『古今著聞集《ここんちょもんじゅう》』（巻九武勇一二）では、激戦のなか、遭遇した義家と貞任が和歌をかわす場面が描かれており、大将相互が遭遇する大乱戦であったとされる。しかし、『陸奥話記』では、頼義の激しい闘志や、義家の活躍は描かれず、もっぱら清原武則の活躍で勝利したことが強調されているにすぎない。

鳥海柵の占領

七日に衣川関を突破した頼義は、安倍氏の本拠奥六郡《おくろくぐん》に足を踏み入れることになる。そして、胆沢郡《いさわぐん》の大麻生野《おおあそうの》・瀬原《せばら》の両柵を攻略し、捕虜となった者から、安倍氏の有力な一族が多数討死していることを聞き出した。ついで九月一一日、頼義軍は鳥海柵を攻撃するにいたった。しかし、この柵にいた安倍宗任と藤原経清《つねきよ》は、闘わずして厨川柵《くりやがわのさく》（現盛岡市付近）に逃れたため、頼義は難なく占領することになった。

鳥海柵は政庁

鳥海柵は遺跡が確認されており、発掘調査も行われている。この柵は、鎮守府が置かれた胆沢城を見下ろすように、その北方の一段高い場所に位置しており、鎮守府将軍に代わる安倍氏の権力を象徴する柵といえる。北の蝦夷との戦いで負傷した安倍頼時《よりとき》が同地に帰還して死去したことも、その重要性を物語るし、ここを拠点とした宗任を嫡男とする見方も蓋然性を有する。ただ、宗任・経清が戦わずに去ったということは、この柵が政庁としての性格を有し、軍事的な意味が希薄であったことを物語る。柵の周囲に大河や深い濠が存在しないことも、こうした柵の性格を裏

鎮守府を見下ろす高台にあった鳥海柵跡（手前）

付けるものといえる。

『陸奥話記』によると、頼義は以前から鳥海柵の名を聞きながら足を踏み入れたことがなかったとし、初めて城内に入った喜びと、清原武則に対する感謝とを述べている。鎮守府将軍の立ち入りを許さなかった安倍氏の姿勢、逆に鎮守府将軍として君臨しながら、安倍氏の本拠に立ち入ることができなかった頼義の長年の憤懣が窺知される。まさに、両者が緊張関係にあったことが推察される。

厨川柵

かくして九月一五日、頼義・清原軍は、貞任の拠点厨川柵を包囲した。貞任も最後の拠点としただけに、柵の防御は堅固であった。沢や川に囲まれた天然の要害に加え、柵の上には精兵を配置し、川と柵との間に濠を掘って刀を逆さまに埋め、近づいた者には弩《おおゆみ》や石を発し、さらに熱湯を浴びせるにいたった。さらに楼の上に雑女《ぞうめ》を集め、歌を唄わせたという。おそらく、頼義・清原武則等を嘲弄《ちょうろう》する内容であったのだろう。挑発に怒った頼義は終夜攻撃を仕掛けるが、矢石を浴びて数百人もの戦死者を出したという。

頼義軍の勝利

一七日、頼義は付近の民家を解体して運び、これに火を放って柵に放火した。追い詰められた安倍軍は決死の戦いを挑み、頼義・清原側に多くの戦死者が出た。これを見た武則は、あえて包囲を解いて道を開き、安倍軍をおびき出し、逃げようとする兵士を次々と殺害した。この際に藤原経清は生け捕りにされ、頼義の前に引き出された。頼義は、相伝の主に対する裏切りを非難し、鈍刀で長時間を掛けて殺害している。これは、家人に対する、私刑を意味する。

貞任の敗死

一方、貞任は激戦のなかで剣を振るったが、ついに鉾《ほこ》で刺殺されて戦死を遂げ、斬首・梟首《きょうしゅ》された。身長六尺（一八〇チセン）、腹囲七尺四寸（二二〇チセン余り）という巨漢で、色白で容貌魁偉《ようぼうかいい》であったという。貞任の子千世童子《ちよどうじ》、弟重任《しげとう》らも殺害された。いったん戦場を逃れた宗任・家任《いえとう》・則任《のりとう》以下は降伏するにいたった。宗任等は処刑を免れ、捕虜として連行されることになる。貞任の子どもまで処刑されたことと対照的であるが、これは宗任等が降伏したことと、貞任が合戦の発端を作り、安倍氏の軍事的中心と見なされた結果であろう。かくして前九年合戦は終結し、安倍氏は滅亡したのである。

三　戦後処理

戦乱の長期化

前九年合戦は、康平五年（一〇六二）九月、厨川柵の陥落で終了した。鬼切部《おにきりべ》合戦から一二年、頼義の陸奥守就任から一一年、そして阿久利川《あくとがわ》事件から六年を経過していた。当初の予想とは大きく異なり、膨大な兵力が投入され、多くの犠牲者を出した大乱となってしまったのである。早期解決の失敗は、頼義の責任といわねばならない。

清原氏の主導権

清原武則以下の参戦が頼義側の勝利を決定したことは明白で、しかも『陸奥話記』を見る限り、軍事行動・作戦指導など、いずれも武則が主導権を掌握していた。頼義は清原氏に依存するばかりであり、むしろ短慮や拙速が目立つ有様である。厨川柵における放火作戦を除けば、指揮官としての有能さは描かれていない。考えてみれば、頼義は実戦経験に乏しい武将であった。父に随行した平忠常の乱でも、戦わずに乱は収束したし、受領として相模に下向した際にも、大規模な合戦は経験していなかったはずである。数千の軍勢を率いて長期にわたる戦闘を継続することは、兵書の知識にはあったかもしれないが、彼には想像を絶する体験だったと考えられる。戦闘が恒常化した奥羽で活動した、安倍・清原氏に作戦以下の軍事行動で劣るのは当然であった。

戦勝の報告

貞任等の討伐を伝える戦勝報告が朝廷にもたらされたのは、一〇月二九日のことであった（『康平記《こうへいき》』）。そして、年があけた康平六年二月一六日、頼義から送付された安倍貞任・同重任・藤原経清の首級は、大和源氏《やまとげんじ》の大夫尉《たいふのじょう》源頼俊《よりとし》等によって京中を渡され、西獄門にさらされた。権中納言源俊房《としふさ》は、「皇威」の「古《いにしえ》に恥じ」ないことを日記で賛嘆しており、追討の長期化や、それに伴う多大の犠牲、地域の荒廃に対する非難は見られない（『水左記《すいさき》』二月一六日条）。

平定の恩賞

ついで、二月二七日、朝廷では除目《じもく》が開かれ、前九年合戦平定の論功行賞が定められた。まず頼義は正四位下に叙され伊予守《いよのかみ》に、嫡男義家は従五位下に叙爵し出羽《でわの》守《かみ》に、次男義綱《よしつな》は左衛門少尉《さえもんのしょうじょう》に、そして清原武則は従五位上に叙され鎮守府将軍に、それぞれ任じられた。また、首を献じた使者藤原季俊《すえとし》には左馬允《さまのじょう》、同じく物部長頼《もののべのながより》には陸奥大目《むつのだいさかん》の官が与えられている。この時、頼義一族はまだ上洛前であったにもかかわらず勲功賞を与えられたが、特段の問題となった形跡はない。陸奥が遠隔地であったためであろうか。この補任は、嘉承《かしょう》三年（一一〇八）正月、出雲で頼義の孫に当たる源義親《よしちか》を討伐した因幡守《いなばのかみ》平正盛《まさもり》が、上洛前に但馬守《たじまのかみ》に任じられた際の先例とされた（『中右記《ちゅうゆうき》』正月二三日条）。

伊予守

頼義が任じられた伊予守は、院政期の官職制度を解説した『官職秘抄《かんしょくひしょう》』によると、播磨守《はりまのかみ》とともに、「四位上臈《じょうろう》」、すなわち、四位のなかでも最上位の者の任国であった。平安後期、国守には三位以上が任じられることはなかったから、このことは伊予が国守の最上位であったことを意味していたのである。伊予守は、高い政治的権威を有するとともに、莫大な収入が得られる地位であったことになる。摂関時代においても、藤原道長の腹心で、頼義の伯父に当たる源頼光《よりみつ》は、但馬・美濃など熟国の国守を歴任した後に伊予守に就任しているし、伊予守在任中の寛仁《かんにん》二年（一〇一八）六月、頼光は道長の土御門《つちみかど》邸再建に際し、その調度品一切を献上し、貴族たちを仰天させている。伊予の格式の高さ、富裕さを物語る逸話である。したがって、朝廷は頼義に最大級の恩賞を与えたことになる。

清原武則の躍進

一方、最大の功労者といえるのが清原武則であった。彼は、元来従五位下という高い政治的地位を有したが、一階上昇したうえに鎮守府将軍に就任したのである。まさに、中央軍事貴族並みの地位を獲得したことになる。この結果、武則は安倍氏の領域奥六郡を支配し、奥羽に跨がる大勢力を築くとともに、蝦夷との交易の利権をも掌中に収めたのである。鎮守府将軍は以後、清原氏が事実上継承してゆくが、同時に交易の利権を清原氏が独占・世襲したことを意味する。

安倍頼時の娘の処遇

夫藤原経清を殺された安倍頼時の娘は、武則の子武貞の妻となった。これはけっして敗者の女性に対する陵辱ではなく、安倍氏の旧領に進出するに際し、安倍氏一族である彼女の権威を重視したものと考えられる。彼女の連れ子である清衡《きよひら》が、清原一族内で重んじられたことは、その表れにほかならない。

頼義の陸奥残留

こうして陸奥が激変するなか、頼義はしばらく同地にとどまっていた。彼が帰京するのは康平七年（一〇六四）二月であったから、一年以上陸奥に滞在したことになる。ただ、『吾妻鏡《あづまかがみ》』治承《じしょう》四年（一一八〇）一〇月一二日条には、康平六年八月に鎌倉において鶴岡八幡宮《つるがおかはちまんぐう》を建立したという記事があるので、これを事実とすれば陸奥への残留は半年程度となる。滞在の目的には、当然彼自身が述べるとおり残党の追捕（『本朝続文粋《ほんちょうぞくもんずい》』）もあったであろうし、清原氏の奥六郡進出に伴う混乱に対する監視、安倍氏の遺財の奪取、そして自身の陸奥における利権確保などがあったと考えられる。後述するように、頼義は伊予守就任後も伊予に赴任せず、郎等の恩賞獲得に奔走したため、在任期間の官物を私財で賄ったという。このことは、彼が莫大な富を入手したことを物語る。

摂関家領荘園の成立

大石直正氏の指摘によると、奥羽における摂関家領荘園の多くは、前九年・後三年合戦当時に成立したという（『奥州藤原氏の時代』）。乱後の混乱期こそ、かかる荘園構立の好機であった。嫡子義家の出羽守補任、荘園の摂関家に対する寄進によって、頼義は奥羽の利権を確保するとともに、摂関家の歓心を買おうとしたのである。ただ、こうした行動は、清原氏との軋轢を招くことになり、康平七年には、義家が父の任国との懸隔を理由に出羽守を辞任し、越中守《えっちゅうのかみ》への遷任を申し出るにいたった。奥羽に河内源氏の影響力を保持しようとした頼義の計略は、思惑どおりにはならな

鶴岡八幡宮

木造源頼義坐像（鶴岡八幡宮蔵）

平致幹の娘との婚姻

かったのである。

さて、『奥州後三年記《おうしゅうごさんねんき》』によると、頼義は常陸で「多気《たけ》権守宗基」、すなわち平致幹《むねもと》の娘と結ばれ、彼女との間に女子を儲けたと見られる。頼義と致幹娘との婚姻は、陸奥への下向途中の可能性もあるが、彼女が永保《えいほう》三年（一〇八三）に清原武則の孫にあたる真衡《さねひら》の養子成衡《しげひら》の妻に迎えられたことを考えると、康平七年（一〇六四）頃の生誕とするのが妥当であり、婚姻は帰路の出来事と見られる。後述するように、この娘と成衡の婚姻が、後三年合戦の発端となることはよく知られている。

致幹は、平繁盛流常陸平氏《ひたちへいし》の武将で、頼信の忠常追討に協力した維幹《これもと》の曾孫とされる。彼の側から、前九年合戦平定で武名を高めた河内源氏との婚姻を求めたのかもしれない。そして、先述のように康平六年八月、鎌倉に鶴岡八幡宮を建立した頼義は、同七年二月二二日、降人安倍宗任等五人を伴って上洛を果たすのである。じつに、陸奥に赴任してから一二年ぶりの京であった。

第一二　帰京後の頼義と晩年

一　伊予守補任

伊予守頼義

前九年合戦《ぜんくねんかっせん》の恩賞として、頼義《よりよし》は伊予守《いよのかみ》に補任《ぶにん》された。これが彼にとって最終官職となったことから、『吾妻鏡《あづまかがみ》』は、彼を「予州禅門《よしゅうぜんもん》」、「伊予入道」などと称することになる。先述のとおり、院政期において伊予は播磨と並ぶ「四位上臈《じょうろう》」の任国（『官職秘抄《かんしょくひしょう》』）とされ、受領《ずりょう》の最高峰であった。朝廷より、合戦鎮圧に対して高い評価が与えられたことを物語る。のちに、平氏を西海に追いやった木曽義仲《きそよしなか》、そして平氏を滅亡させた源《みなもとの》義経《よしつね》と、河内源氏《かわちげんじ》の後裔たちが軍功によって伊予守に補任されたが、これらは、頼義の先例に倣ったものと考えられる。ところが、帰京した頼義は京にとどまり、伊予に赴任しようとしなかったのである。

在京の理由

『本朝続文粋《ほんちょうぞくもんずい》』に収められた、治暦《じりゃく》元年（一〇六五）と見られる頼義の申状《もうしじょう》によると、康平《こうへい》七年（一〇六四）二月に入京した頼義は、軍功を挙げた者、十余人の恩賞を求め、朝廷の裁許を待っていたために任国に赴任できなかったとする。このため、任期半ばを過ぎたが、この間の封戸《ふこ》・官物《かんもつ》は私物で貢納《こうのう》したとして、旱害で困窮する任国の復興を理由に、重任を申請するにいたった。

郎等に対する恩賞

このことで注目されるのは、任国への赴任をも放棄して、郎等の恩賞を朝廷に求めたことである。この郎等とは、官位を有する軍事貴族であり、おそらくは受領郎従として随行した者たちであったと考えられる。むろん頼義の郎等保護に対する熱意の表れではあるが、単純に主従関係の緊密さの反映とはいいがたい。ここで注意されるのは、郎等たちが官位授与に固執したことにほかならない。すなわち、頼義による私財授与では、彼らを納得させることができなかったのである。彼らの政治的地位の高さ、軍事貴族としての独立性の強さをも物語る。彼らこそは、黄海《きのみ》合戦の記述でも触れた、河内・美濃など畿内やその周辺の軍事貴族たちであり、河内源氏が受領・追討使として活動する際に、今後も協力を求めなければならない郎等であったと考えられる。高い政治的地位を有し、独立性の強い軍事貴族に依存する点にこそ、当時の河内源氏における主従関係の特質を見いだすことができるだろう。

重任の失敗

また、先述のとおり、頼義が官物や封戸の貢物を私物で代納したことは、とりもなおさず陸奥において多大の利権・利益を獲得したことを明示する。合戦終焉後、頼義が陸奥にとどまった理由の一端が明らかである。彼は莫大な私物によって、公的な貢物を納入したのはもちろん、関白頼通《よりみち》以下の有力者にも多大の賄賂を贈与したものと思われる。しかし、国務を放棄した身勝手な行動が、朝廷に容認されるわけはなかった。また、摂関時代においても、受領層垂涎《すいぜん》の伊予守には重任の例もなく、頼義の申請は却下され、治暦三年（一〇六七）には、日野《ひの》家発展の基礎を築いた学者政治家藤原実綱《ふじわらのさねつな》が伊予守に補任されている。

安倍宗任・正任らの処遇

なお、頼義が連行した安倍宗任《あべのむねとう》・同正任《まさとう》以下の降人は、京に入ることを許されず、頼義の任国伊予に配されることになる。また、出羽守《でわのかみ》源斉頼《ただより》から送られた貞任《さだとう》の叔父である僧良昭《りょうしょう》は、大宰府《だざいふ》に配された。その後、宗任らは陸奥に逃げ帰る恐れがあるとして、治暦三年に大宰府に移送されている（『百練抄《ひゃくれんしょう》』康平七年三月二九日条）。頼義の離任に伴う措置であろう。宗任が九州において松浦党《まつらとう》等の祖となったとする伝承などもあるが、その後、彼らが辿った運命は知ることができない。

美濃源氏との衝突

陸奥から帰京した同じ年の一〇月、伊予守頼義は、美濃源氏《みののげんじ》の祖で源頼国《よりくに》七男である国房《くにふさ》と合戦を起こし、陣定《じんのさだめ》で審議されるにいたった（『水左記《すいさき》』康平七年一〇月一九日条）。この事件については、原因や結果を知ることはできないが、美濃はかつて平忠常《たいらのただつね》の乱平定後の頼信《よりのぶ》が恩賞として受領に就任した国で、第六で詳述したように、多くの家人《けにん》を組織するなど、河内源氏にとっては河内と並ぶ拠点であった。

源国房

一方の国房は、摂津源氏《せっつげんじ》の祖で頼信の長兄にあたる頼光《よりみつ》の孫にあたり、父は頼国である。頼光が美濃守《みののかみ》を二期つとめたのをはじめ、頼国も美濃守を経験している。そうした地盤を継承した国房は、東大寺《とうだいじ》領茜部荘《あかなべのしょう》の下司《げし》に就任するなど、美濃に大きな勢力を構築しつつあった。そして後述のように、河内源氏と美濃源氏との衝突は、世代を超えて継続してゆくことになる。

この事件が、俗人としての頼義の名が見える最後となった。彼は伊予守の任を終えた後、新たな官職に就任した形跡はない。任終の時点で、すでに八〇歳近い高齢であり、政界引退を決意したものと考えられる。彼の出家について、『尊卑分脈《そんぴぶんみゃく》』は永保《えいほう》二年（一〇八二）年一一月二日とするが、永保は彼の死去後の年号であり、承保《じょうほう》の誤記と考えられる。しかし、承保二年（一〇七五）は彼の没年ではあるが、すでに触れたように『水左記』では同年七月一三日に没したとあり、日付が誤っていることになる。後世、「禅室」「入道」と呼ばれていることから、彼が出家したことに相違はないが、その正確な日付については、明確にすることができない。

二 義家の活動

義家の入京

次に、前九年合戦後における、嫡男義家の動きに触れておきたい。彼は父とは別行動を取り、康平七年（一〇六四）四月一日に弟義綱《よしつな》と連れ立って入京し（『水左記』）、二日後には父とともに陸奥の馬を朝廷に献じている。

出羽守の辞任

先述のとおり、義家は合戦の恩賞として出羽守《でわのかみ》に補任されたが、早くも康平七年には辞任しており、ちょうど欠員となっていた越中守《えっちゅうのかみ》へ補任を申請している（『朝野群載《ちょうやぐんさい》』巻二二）。表面上の理由は、父の任国伊予と遠く離れているために、孝養を尽くせないということにあったが、むろん実際には、清原氏との間に軋轢《あつれき》を生じ、同氏の強力な支配を忌避したためと思われる。しかし、越中守に補任されたという記録はなく、彼の申請は却下され、散位《さんに》のまま数年を過ごしたものと見られる。

源頼俊の北陸奥追討

彼が出羽に次いで受領となるのは、陸奥に隣接する下野《しもつけ》で、延久《えんきゅう》二年（一〇七〇）には在任所見がある。おりしも後三条《ごさんじょう》天皇の下で、かつて京において安倍貞任等の首を渡した大和源氏《やまとげんじ》頼俊《よりとし》が陸奥守《むつのかみ》の任にあり、清原貞衡《きよはらのさだひら》とともに、北陸奥の蝦夷《えみし》追討を行っていた。頼俊は、頼信の次兄頼親《よりちか》の孫であり、父は頼房《よりふさ》である。頼親・頼房はともに興福寺《こうふくじ》との抗争に敗れて配流されたため、大和源氏は不振に陥っていた。それだけに、この追討は頼俊にとって、一気に一門の地位を押し上げるとともに、河内源氏に代わって奥羽の夷狄追討の第一人者となる好機であった。こうした大役に義家が選ばれなかった理由は、まだ二〇代の若年ということもあったと考えられるが、やはり清原氏と軋轢を生じ出羽守を辞任したこと、さらには前九年合戦において頼義・義家父子が苦戦したこと等が、朝廷に悪印象を与えたためであろう。

追討の結果

追討は順調に成果を収め、貞衡は鎮守府将軍《ちんじゅふしょうぐん》に任じられた。ところが、陸奥の在庁官人藤原基通《もとみち》が国守源頼俊に反抗し、印鑰《いんやく》を奪う事件を起こしたため、頼俊は一時国府への帰還を余儀なくされてしまった。このために、頼俊の功績は低く評価されたらしく、恩賞を得ることもなく帰京するにいたった。逆に、義家は下野において基通を捕縛することに成功している。この結果、大和源氏は奥羽における躍進の好機を逸し、河内源氏が陸奥の治安維持に関する第一人者の地位を守ったことになる。こうしたことから、事件の背後で義家が糸を引いていたのではないかとする見方もある。

国房との衝突

一方、義家も父と同じく、美濃源氏との衝突を起こしている。父が国房と合戦を惹起した同じ康平七年（一〇六四）一一月二四日、今度は「義宗」と国房の合戦が陣定で審議されている（『百練抄』）。この「義宗」は、おそらく「義家」の誤記であり、父に続いて美濃で国房と衝突を引き起こしたものと考えられる。

また、第四でも取り上げた『古事談《こじだん》』の説話（四—一七）にも、義家と国房の衝突が描かれている。国房の子光国と口論となった義家は、かつて国房を攻撃した際に手心を加えたことを父に尋ねよと称したという。すなわち、国房が義家の郎従に対し、「笠とがめ」として弓弦を切ったことに激怒した義家は、父頼義の制止にもかかわらず京をわずか三騎で駆け出した。やがて義家に、次々と郎等が加わり、軍勢

【美濃源氏系図】

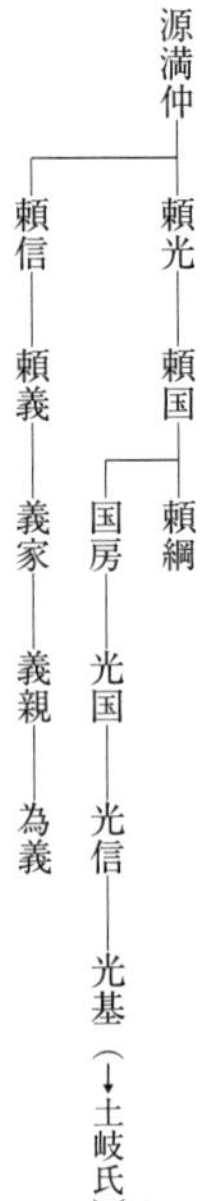

は二五騎になり、国房の館を焼き払った。しかし、義家は館から後山に逃亡した国房をあえて追撃せず、その身を捕らえなかった。このことを、彼は手心を加えたと述べたのである。この説話では、頼義はすでに出家し仏道三昧であったとされるので、康平七年より後年の出来事かもしれない。

その後も、義家の孫（養子）為義《ためよし》と、国房の孫光信《みつのぶ》との抗争、光信が白河《しらかわ》院死去後に登場した自称「義親」を殺害するなど、河内源氏と美濃源氏との間では、世代を越えて紛争が継続することになる。

また、義家は父没後の承暦《じょうりゃく》三年（一〇七九）八月、朝廷の命を受けて、美濃で国房と合戦を惹起した源満政流《みつまさりゅう》の重宗《しげむね》の追討を担当しており、一貫して美濃に対する強い影響力を保持していた。

三　仏道三昧と死去

草堂か革堂か

先述した『古事談』（四―一七）の説話では、義家が国房と合戦に出立した際も頼義は「草堂」、もしくは「革堂《こうどう》」で逆修《ぎゃくじゅ》（死後の冥福を祈って生前に仏事を行うこと）の最中であったとする。ちなみに、革堂は寛弘《かんこう》元年（一〇〇四）に革聖《かわひじり》と称された僧行円《ぎょうえん》が建立した行願寺《ぎょうがんじ》を指すが、頼義と同寺との関係を示唆する史料はこのほかに存在しない。草堂、すなわち、粗末な堂舎という意味であれば、他の説話にも登場する「みのわ堂」である可能性が高い。この説話のほかにも、同書には彼の晩年における熱心な仏教信仰に関する説話が収録されている。

頼義の極楽往生

衣川関《ころもがわのせき》攻略に関する記述でも取り上げた四―一六の説話によると、頼義は壮年の時より慙愧《ざんき》の心などなく、殺生を業としたうえに、前九年合戦で多くの殺人を犯しただけに、彼が地獄に堕ちることは疑いないと見なされていた。ところが、頼義は出家遁世後に「みのわ堂」を建立して、仏像を安置し「滅罪生善《めつざいしょうぜん》の志、猛利炳《もうりへい》焉《えん》（ひたむきで明らかである様）」で、彼の悔過悲泣の涙は堂の板敷きを伝わり、地に落ちるほどであった。その「勇猛強盛《ごうじょう》の心」は、前九年合戦で衣川館を攻略した時と変わらなかったと述べている。そのお蔭で、ついに頼義は「決定《けつじょう》（間違いなく）」「往生」したとされた。

「みのわ堂」と「みのう堂」

この「みのわ堂」については、建立時期・所在地、さらに呼称も含めて諸説がある。『続本朝往生伝《ぞくほんちょうおうじょうでん》』は、頼義が伊予守補任直後に建立したとし、『発心集《ほっしんしゅう》』は、箕輪《みのわ》入道《にゅうどう》首藤通弘《すどうみちひろ》が頼義邸の向かいにある左女牛《さめうし》西洞院《にしのとういん》に建立し、頼義はこの堂で出家したとする。

これに対し、『古事談』（五—五三）は、先述した同書四—一七の説話とも異なり、頼義が建立したのは「みのわ堂」ではなく、「みのう堂」、すなわち前九年合戦における戦死者の耳を収めた「耳納堂」であったとする。

これによると、頼義は前九年合戦の後、等身の阿弥陀仏を本尊として「みのう堂」を建立し、合戦における戦死者の耳を埋葬し、彼らの菩提を弔ったのである。彼の熱烈な仏教信仰の背景には、多数の殺人による堕地獄《だじごく》の恐怖があったことは疑いない。ただ、本来前九年合戦は追討官符を得た公戦であり、討伐された者は賊徒であった。頼義が彼らに深い罪の意識を抱くのは異常といえる。やはり、受領《ずりょう》として自身の統治が失敗し、その結果勃発した合戦であったために、戦死者を悼むことになったのではないだろうか。

頼義邸の所在地

この「みのう堂」は六条坊門《ろくじょうぼうもん》の北、西洞院の西に所在し、鎌倉初期の承元《じょうげん》年間（一二〇七～一一）に焼失したという。先の『発心集』に記された「みのわ堂」とは、若干所在地がずれるが、近隣にあたっており、同一の堂を指すものと見られる。『発心集』は「みのわ堂」を頼義邸の向かいとしているので、邸宅もほぼ同一箇所にあったと考えられる。邸宅の正確な所在地は不明確であるが、天喜《てんぎ》元年（一〇五三）、後冷泉《ごれいぜい》天皇の命令で頼義が勧請したとされる若宮八幡《わかみやはちまん》も、左女牛西洞院にあったと

左《さ》女《め》牛《が》井《い》（京都市下京区）

若宮八幡宮社（京都市東山区）

され（『廿《にじゅう》二《に》社《しゃ》註《ちゅう》式《しき》』、なお、同社は慶長《けいちょう》二年〈一五九七〉に現社地に移転）、頼義邸の鎮守とする説もある。したがって、この付近に彼の邸宅や信仰する寺社が集中したことに相違はない。おおむね、現在の西本願寺《にしほんがんじ》の東側にあたる地域になる。

六条堀河と河内源氏

六条堀河《ろくじょうほりかわ》には、その後も義家・為義の邸宅が所在しており、源平争乱期の義経にいたるまで、河内源氏の拠点となっている。頼義が信仰した若宮八幡の存在、さらに近隣の白河・後白河《ごしらかわ》院御所の警護といったことも影響したと見られる。ただ、六条西洞院付近に初めて頼義が拠点を築いた背景は、残念ながら明確ではない。

頼義の死去

冒頭にも記したとおり、権大納言源俊房《としふさ》の日記『水左記』承保二年（一〇七五）七月一三日条に「頼義入道卒去」とあり、この日、彼が死去したことがわかる。『尊卑分脈』を信じるならば、享年は八八歳、当時としては大変な長寿であった。

頼義の墓所

彼の墓所は、第三で先述したとおり、河内国石川郡壺井《いしかわぐんつぼい》（現大阪府羽曳野市）にあった通法寺《つうほうじ》に設けられた。寺伝によると、同寺は長久《ちょうきゅう》四年（一〇四三）に頼義自身が創建したとされる。同寺は廃仏毀釈《はいぶつきしゃく》で廃寺となってしまったが、かつては鎌倉以降の

源頼義墓所（羽曳野市教育委員会提供）

源義家墓所（〈大阪府南河内郡〉太子町観光・まちづくり協会提供）

歴代幕府の保護を受けて繁栄していた。頼義は、この地に父頼信、息子義家とともに眠っている。

第一三　その後の河内源氏

一　頼清の子孫

頼清流の没落

以下では、頼義《よりよし》没後における、彼の弟頼清《よりきよ》、頼義の子孫といった、河内源氏《かわちげんじ》一門の動向に触れておくことにしたい。まず、兄頼義をしのぐ官位を有し、受領を歴任した能吏頼清の子孫の運命を紹介しておこう。

第八で述べたように、頼清は肥後守《ひごのかみ》に遷任したのち、一切名前が史料に登場することはなかった。前九年合戦《ぜんくねんかっせん》に際しても彼の名前は登場しておらず、おそらくすでに死去していたものと思われる。彼は受領《ずりょう》を歴任、位階も従四位下にいたるなど、死去まで兄頼義を凌駕する地位にあった。したがって、河内源氏嫡流の可能性もあったが、結果的に頼義系統が河内源氏嫡流となり、頼清系統は没落することになる。

惟清の白河院呪詛

その原因は、頼清の孫惟清《これきよ》が白河《しらかわ》院を呪詛するという不祥事にあった。嘉保《かほう》元年（一〇九四）八月、当時白河院殿上人《てんじょうびと》で三河守《みかわのかみ》に在任していた惟清が、白河院を呪詛したとして、父筑前守仲宗《ちくぜんのかみなかむね》をはじめ、弟たちとともに配流されるにいたった（『中右記《ちゅうゆうき》』『百練抄《ひゃくれんしょう》』八月一七日条）。この結果、頼清の系統はほぼ全員が失脚し、事実上壊滅したのである。

事件に連座した仲宗は頼清の嫡男にあたり、白河院の六位蔵人《くろうど》をつとめた後、白河院殿上人としても活躍し、筑前守に就任して位階も従四位下に達するなど、父の政治的地位を継承する人物だった。また、惟清以外の息子たちも、白河院の非蔵人として院に近侍していたのである。院の側近であった惟清がなぜ院を呪詛し、一族が壊滅したのであろうか。

事件の真相

真相は不明確だが、その一端を垣間見させてくれる史料がある。はるかに時代が下った鎌倉幕府二代将軍 源 頼家《みなもとのよりいえ》の時代、頼家と御家人安達景盛《あだちかげもり》との間で起こった事件に関する『吾妻鏡《あづまかがみ》』正治《しょうじ》元年（一一九九）八月一九日条の記事がそれである。妻を強奪されたことに憤慨した景盛を、理不尽にも頼家が追討しようとして、母の北《ほう》条《じょう》政子《まさこ》に制止された際、大江広元《おおえのひろもと》は同様の先例として、鳥羽《とば》院が源仲宗の妻を強奪したことがあったが、この女性が祇園女御《ぎおんにょうご》であったという談話を残している。

この記事について角田文衛氏（『待賢門院璋子の生涯』）は、鳥羽院は白河院の、仲宗は惟清の、それぞれ誤りで、白河院による惟清室の強奪の誤伝ではないかとしている。むろん、どこまで真実を伝えているのか疑問もあるが、惟清以下の一族が、白河院の乱倫・恣意の犠牲となったことを推察させる。おそらくは院に近侍するがゆえに室が院の眼に留まり、奪取されるにいたったのであろうし、側近であったがゆえに呪詛に対する処罰も一族に及ぶ峻厳なものになったものと考えられる。

摂津源氏の没落

事件の性格は異なるが、頼清流と同様に文官的な性格を有した摂津源氏《せっつげんじ》でも、天《てん》永《えい》二年（一一一一）一一月、頼光《よりみつ》の曾孫にあたる下野守明国《しもつけのかみあきくに》が、主君である関白藤原《ふじわらの》忠実《ただざね》の密命で美濃の荘園に下向した際に、殺人を犯して帰京し、諸祭礼を目前とした京中に死穢《しえ》を拡散したとして、佐渡に配流されて失脚するという事件が起こっている。この結果、明国系統はすっかり没落し、その曾孫行綱《ゆきつな》は保身に奔走し、「風《かざ》見鶏《みどり》」などと揶揄《やゆ》される惨めな醜態をさらすにいたった。そして摂津源氏の中心は、弟仲政《なかまさ》の系統に移ることになる。

武門に対する擁護

一方、一一世紀末に源頼義の孫義親《よしちか》が任国対馬で乱行に及んだ際、白河院は彼に温情を示し、強硬な追討は回避した。さらに、義親の滅亡後、後継者をめぐって激しい内紛が惹起された際にも、院は後継者為義《ためよし》に武勲の機会を与え、河内源氏を擁護した。また、久安《きゅうあん》三年（一一四七）六月、清盛《きよもり》郎等の祇園社《ぎおんしゃ》頭での闘乱が原因で延暦《えんりやく》寺《じ》の憤激を招き、平忠盛《たいらのただもり》・清盛父子が強訴の危機に直面した際に、鳥羽院は京中の軍事貴族を動員し、彼らを守り抜いた。

事情はまったく異なるものの、文官的な軍事貴族である頼清流、摂津源氏は簡単に没落し、武門として名声を有した河内源氏・伊勢平氏《いせへいし》は、院によって保護を受けたのである。院の対応が相違した一因は、一一世紀後半以降の軍事的緊張の高揚に

【頼清流の没落関係系図】

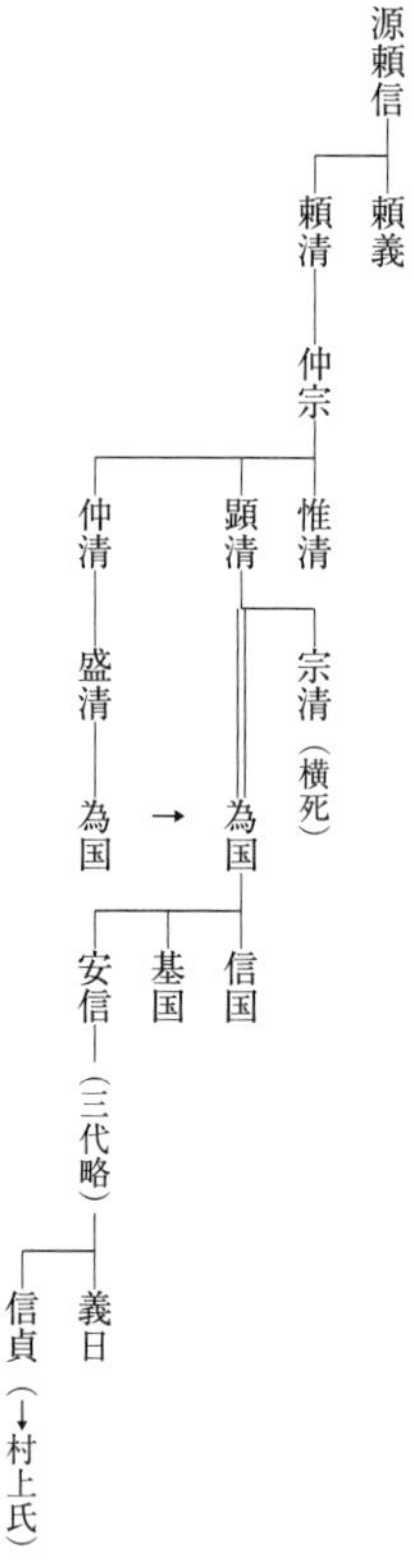

もあったと考えられる。すなわち、寺社権門の分立と朝廷や院との抗争、強訴等の激化、そして白河院と輔仁《すけひと》親王との皇位をめぐる対立、さらに地方豪族の台頭と国《こく》衙《が》との衝突といった事態によって、精強・実戦的な戦闘能力が重視され、逆に文官的な軍事貴族が低く評価されたことも、頼清流が厳しい処罰を受けて、没落に追い込まれた原因ではないだろうか。

惟清没落後の頼清流について、簡単に触れておこう。惟清の子孫は『尊卑分脈《そんぴぶんみゃく》』にも記述がない。本当に子供がなかったか、あるいはすっかり政治的地位を失ったものと見られる。家を継承したのは、その弟顕清《あききよ》の系統であった。彼は配流先の信濃国に拠点を形成し、村上《むらかみ》氏を称すことになる。一族は京でも活動し、嫡男宗清《むねきよ》は蔵人左近将監《くろうどさこんのしょうげん》となったが、仁平《にんぺい》年間（一一五一～五四）に配流され、横死したという（『尊卑分脈』）。顕清の弟仲清《なかきよ》の孫為国《ためくに》が、顕清の養子として後継者となった。

源為国と保元の乱

この為国は、『尊卑分脈』に崇徳院判官代《すとくほうがんだい》とあるように、崇徳院に近侍していた。『兵範記《ひょうはんき》』保元《ほうげん》元年（一一五六）七月一〇日条によると、保元の乱に際して平正弘《まさひろ》一族とともに、崇徳院側近として参戦している。ただし、彼は判官代ではなく、院蔵人《いんのくろうど》であった。周知のとおり崇徳方は敗れ、同陣営の武士は源為義一族以下大半が処刑されるなか、為国は罪名も勘申《かんじん》されておらず、処刑を免れている。おそらくいち早く戦場を脱出し、捕らえられなかったものと見られる。なお、『尊卑分脈』によると、長男信国の母が信西《しんぜい》娘とあり、信西の縁故で助命された可能性もある。保元の乱後における為国の動静は詳らかではない。

源信国と木曽義仲

為国の長男信国《のぶくに》は、寿永《じゅえい》二年（一一八三）七月に入京した源義仲《よしなか》と行動を共にしている。

吉田経房《よしだつねふさ》の日記『吉記《きっき》』の同年七月三〇日条によると、入京後に義仲以下、行家《ゆきいえ》・安田義定《やすだよしさだ》等一〇人余りの武士が京中の警護を分担した際、信国も鴨川以東の五条以北を担当しており、有力武将の一人であったことになる。彼は右馬助《うまのすけ》に任官したものの、一一月の法住寺合戦《ほうじゅうじかっせん》で義仲と後白河院《ごしらかわ》が全面衝突した後に解官《げかん》され、以後の消息は不明である。あるいは義仲に殺害されたのかもしれない。

信国の弟で、為国の五男にあたる基国《もとくに》は、鎌倉御家人となっている。『尊卑分脈』は久寿《きゅうじゅ》二年（一一五五）に没した高陽院《かやのいん》判官代とするが、『吾妻鏡』では文治《ぶんじ》四年（一一八八）三月一五日に頼朝の鶴岡八幡宮《つるがおかはちまんぐう》参詣に随行して以来、鎌倉で活躍しているので、年代的に疑問がある。基国は建久《けんきゅう》元年（一一九〇）、同六年の頼朝上洛に随行したほか、鎌倉に居を構え（『吾妻鏡』建久二年三月四日条）、鎌倉における儀式にも出仕している。しかし、その子孫の動向は不明確である。

その後、村上氏を継承するのは為国の三男安信《やすのぶ》の系統で、その子孫には元弘《げんこう》の乱で護良《もりよし》親王に殉じた義日《よしてる》が登場する（『尊卑分脈』）。さらに、義日の弟信貞《のぶさだ》は足利尊《あしかがたか》氏《うじ》に属して事実上の信濃国守護となり、その子孫義清《よしきよ》は戦国時代に入り、武田信玄《たけだしんげん》と抗争を繰り返すことになる。

二　頼義の息子たち

頼義の子供について、『陸奥話記《むつわき》』は平直方《なおかた》の娘との間に男子三人、女子二人を儲けたとする。この三人が、義家《よしいえ》・義綱《よしつな》・義光《よしみつ》であることは、周知のとおりである。直方の娘と結婚する前の男子については、『尊卑分脈』も含めていっさい見当たらない。

嫡男義家

嫡男の義家は、『尊卑分脈』によると、頼義が石清水八幡宮《いわしみずはちまんぐう》に参詣した際に霊夢を見たのちに出生したことから、七歳の時に八幡神前で元服し、「八幡太郎《はちまんたろう》」と称されたとされる。彼は、先述のとおり前九年合戦に参戦し、黄海《きのみ》合戦などで抜群の射芸を披露し、父の危地を救った。乱後に出羽守《でわのかみ》に就任しながら、父頼義の任国伊予との懸隔を理由に辞任し、越中守《えっちゅうのかみ》補任《ぶにん》を申し出たが、朝廷には認められなかった。しかし、延《えん》久《きゅう》二年（一〇七〇）、下野守《しもつけのかみ》在任中の義家は、隣国陸奥で北陸奥追討中の国守源頼俊《よりとし》に反抗した藤原基《もと》通《みち》を捕らえている。この結果、河内源氏が陸奥の治安維持に関する第一人者の地位を守り、義家は父に続く陸奥守《むつのかみ》就任を迎えることになる。

【頼義男子関係系図】

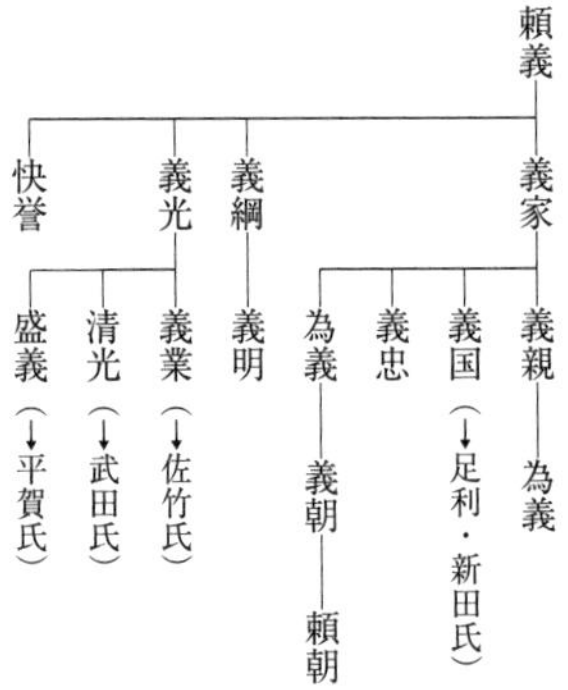

後三年合戦

永保《えいほう》三年（一〇八三）、父が任じられてから三〇年あまりを経て、義家は陸奥守に就任し、安倍氏に代わり奥六郡《おくろくぐん》の支配者となっていた清原氏の内紛に介入して後三年合戦《ごさんねんかっせん》を惹起《じゃっき》する。この時、調停に反抗した清原家《きよはらのいえ》衡《ひら》と、その叔父同武衡《たけひら》を殺害し、合戦を鎮圧するが、朝廷はこの戦いを私戦とみなし、以後義家は不遇となる。その一因は、砂金などの未納という受領としての失策にあった。

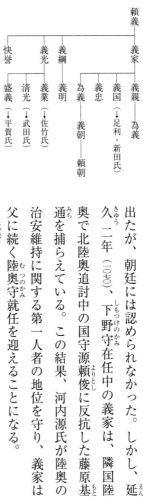

義家の不遇

さらに、寛治《かんじ》五年（一〇九一）には、郎等相互の衝突から弟義綱と合戦を構えて罰せられ、永く不遇を余儀なくされる。しかし、承徳《じょうとく》二年（一〇九八）、陸奥の未済を完済し、摂関家に仕えた弟義綱に対抗するかのように、白河院の昇殿を許されて復活の兆しを見せた。それもつかの間、康和《こうわ》三年（一一〇一）には、嫡男対馬守義親が、任国で乱暴を働き隠岐に配流されるなど、一族の内紛に苦慮するなか、嘉承《かしょう》元年（一一〇六）に没することになる。なお、白河院殿上人となったことは、義家が白河院の近臣であったことを物語っており、義家晩年の不祥事や、その後の河内源氏の没落を白河院の謀略などとする説は、もはや成立しない。

賀茂二郎義綱

頼義の次男が義綱である。『尊卑分脈』によると、彼は賀茂社《かもしゃ》で元服し「賀茂二郎《かものじろう》」と称されたという。事実とすれば、河内源氏は、まだ八幡のみを信仰の対象としていなかったことになる。彼も義家と同様に前九年合戦に参戦し、弓の名手として高名を得た。前九年合戦鎮圧後に、左衛門少尉《さえもんのしょうじょう》に任じられている。

美濃守就任

その後の動静は不明だが、後三年合戦後、先述のように兄義家と対立することになる。この背景には嫡男の座をめぐる対立があったと考えられる。彼は摂関家に近侍し、寛治七年（一〇九三）に陸奥守に就任するや、翌年には出羽の豪族平師妙《もろたえ》を短期間で追討し、祖父頼信《よりのぶ》ゆかりの美濃守《みののかみ》に遷任している。この人事は、義綱が事実上河内源氏嫡流の座を得たことを意味する。しかし、ここで彼の運命は暗転する。

義綱は、嘉保二年（一〇九五）に美濃国で延暦寺領の不法な荘園を収公したことが原因で、理不尽な延暦寺の強訴に遭遇したが、関白藤原師通《もろみち》の命令で強訴は撃退された。ところが、師通が承徳三年（一〇九九）に急死し、強訴に加わった日吉神社《ひよしじんじゃ》の神輿の祟りが喧伝されたため、義綱は失脚に追い込まれるのである。そして天仁《てんにん》二年（一一〇九）、義親滅亡後に河内源氏の後継者となった義家の五男義忠《よしただ》が暗殺された際、息男義明《よしあき》に犯人の方人《かたうど》（味方）という嫌疑が掛けられたことから、義綱は一族とともに京を出奔するが、近江で追捕され、息子たちは自殺、義綱は佐渡に配流されて、一族は事実上滅亡するにいたった。のちに、義綱の追討は冤罪であることが認められたという。

新羅三郎義光

三男が義光である。『尊卑分脈』によると、彼は園城寺《おんじょうじ》の新羅明神《しんらみょうじん》の神前で元服し、「新羅三郎《しんらさぶろう》」を称したという。頼義は、前九年合戦に下向する前に、同社に参詣し戦勝を祈願したという伝承がある（『吾妻鏡』元暦《げんりゃく》元年一一月二三日条）。

義光は、まだ幼かったためか、前九年合戦にはまだ姿を見せない。後三年合戦に際し、刑部丞《ぎょうぶのじょう》の官職を擲《なげう》って兄義家を救援するために陸奥に下向したことで知られる。もっとも、これはたんなる麗《うるわ》しい兄弟愛の産物ではなく、東国に進出するための布石であった。彼は常陸平氏《ひたちへいし》と結んで常陸国に拠点を築き、その子孫は常陸の佐竹《さたけ》氏、甲斐の武田《たけだ》氏、信濃の平賀《ひらが》・小笠原《おがさわら》氏などとして、地方で発展することになる。義家晩年の嘉承元年（一一〇六）には、常陸国で義家の三男義国と紛争を惹起し、義家に義国の召喚が命じられる一幕もあった。一方、義光は、地方における発展だけではなく、嫡流にも野心を抱いたとする見方もある。『尊卑分脈』には、先述の義忠暗殺事件の黒幕こそ義光だったとする忌まわしい逸話が残されている。

義忠暗殺の黒幕

その謀議に深く関与したとされるのが、これから述べる弟の僧快誉《かいよ》にほかならない。『尊卑分脈』に見える頼義の子は、上記の三人と快誉の四人のみである。同書によると、快誉は別名を伊予阿闍梨《いよあじゃり》と称した。彼の母は不明で、園城寺僧であったという。

『尊卑分脈』への疑問

『尊卑分脈』に記された、義忠暗殺にまつわる逸話は以下のようなものであった。先述のように、天仁二年（一一〇九）二月、義親滅亡後における河内源氏の後継者となった義忠が暗殺されたが、これは、義光が郎等鹿島三郎《かしまさぶろう》に命じて行わせたものであった。義光と示し合わせた快誉は、三郎を匿うと称して園城寺におびき寄せ、生き埋めにして殺害したというのである。

しかし、実際の鹿島三郎は常陸平氏の有力者であり、このような犯罪に関与するとは考えがたく、逸話の信憑性に疑問がある。ただ、義光が義親滅亡後の混乱に乗じ、河内源氏嫡流の奪取を目指して暗躍し、快誉がなんらかの協力をした可能性は否定できない。このほか『吾妻鏡』の建保二年（一二一四）五月七日条にも彼の名が見えるが、園城寺僧であったとする以外の事跡に関する記述は見られない。

三　頼義の娘たち

頼義の女子については、先述のように『陸奥話記』に平直方の娘との間に二人の女子があったとされるが、彼女たちの事績は記されていない。一方、『尊卑分脈』には頼義の娘とされる女性が二人所見するが、彼女たちが直方の娘を母とするのか否かは判然としない。

藤原時房の室

　そのうちの一人は藤原北家《ほっけ》高藤流《たかふじりゅう》の受領藤原時房《ときふさ》の室で、説方《ときかた》の母となった人物である。時房は歌人で、武門との関係も希薄であり、背景は不明確である。また、この頼義が、武士の頼義と同一か否かも検討の必要がある。

平正済の室

　もう一人が、桓武平氏《かんむへいし》の武将平正済《まさずみ》の室である。正済は、伊勢平氏の祖維衡《これひら》の息子に当たる武将で、頼義の娘は彼との間に貞弘《さだひろ》を儲けている。河内源氏と伊勢平氏とは、一二世紀以降、対立することが多くなるが、この当時は同じ武門として、両者の間で婚姻が結ばれることは少なかった。先述のとおり、頼義が平直方の婿となったのをはじめ、一時は義家の後継者となった義忠も、『尊卑分脈』では平忠盛の婿となったと見える。なお、年齢的に見て、この婚姻はおそらくは正盛の婿となったものと推測されている。

【頼義女子関係系図】

藤原惟任―時房（康平三年尾張守在任）
　　　　　　‖―説方
源頼義―女子

平貞盛―維将―維時―直方―頼義室
　　　└維衡―正済
　　　　　　　‖―貞弘―正弘―家弘
　　　頼義―女子

平正済とその子孫

正済は、『尊卑分脈』に出羽守と見える軍事貴族で、妻である頼義の娘とともに、一時期信濃国に居住したと見られ（『後拾遺和歌集《ごしゅういわかしゅう》』）、彼は同国で所領を形成した。正済には、貞弘のほかに、その兄で他腹と見られる正家《まさいえ》がいたが（『尊卑分脈』）、信濃の所領を継承したのは貞弘の系統であった。貞弘の子正弘《まさひろ》は、崇徳院がまだ東宮であった当時に侍として仕え、それ以後も崇徳に伺候していた。正弘の子家弘《いえひろ》等兄弟は、崇徳院に従って保元の乱に参戦したため、乱後に処刑され、信濃に有した所

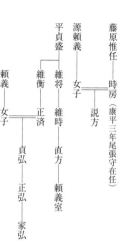

頼義と頼朝

平致幹娘所生の女子

領は没官《もっかん》されている。

最後に、平致幹《むねもと》（宗基）の娘との間に儲けた女子を取り上げよう。ちなみに、頼義の妻妾として名前が見えるのは、平直方の娘のほかには、致幹の娘のみである。平致幹は常陸平氏の武将で、『奥州後三年記《おうしゅうごさんねんき》』には宗基と表記され、曽祖父は維幹《これもと》であった。維幹は、第四で述べたように、かつて常陸の受領であった源頼信が平忠常《ただつね》の討伐を企図した際、三〇〇〇騎を率いて参戦した人物にほかならない。頼義も、父と同様に常陸平氏との連携を深めようとしたのであろう。

この女子は『奥州後三年記』によると、永保《えいほう》三年（一〇八三）に清原真衡《さねひら》の養子となった成衡《しげひら》の室として迎えられた。先述のように、結婚時の年齢を二〇歳前後とすると、頼義は前九年合戦前ではなく、帰路に致幹の娘と結ばれたのではないだろうか。その後、彼女の夫成衡は、養父真衡の死後失脚し、下野で殺害されたとされる。その後、彼女がどのような運命を辿ったのか、残念ながら知る手がかりは残されていない。

さて、義家の嫡男義親の滅亡後、後継者をめぐる激しい内紛を経て、義家の孫

（実子とも）為義が河内源氏を継承するが、保元の乱で長男義朝《よしとも》と父子相克を演じて滅亡、勝利した義朝も平治《へいじ》の乱で平清盛に敗れ、一族はほぼ壊滅する。しかし、頼義死去から一世紀余りを経た治承《じしょう》四年（一一八〇）、義朝の嫡男で、一介の流人《るにん》であった頼朝が挙兵に成功し、鎌倉幕府を開くことになる。

冒頭で記したごとく、頼朝は文治五年（一一八九）における奥州合戦の終結に際し、一世紀余り前の前九年合戦における頼義の故事を模倣し、同時に頼義以来、河内源氏と東国武士との間に、重代相伝の主従関係が締結されているかのごとく演出した。こうしたことから、頼朝挙兵の成功は、東国武士との主従関係が存在したと見られた。頼義は、河内源氏で初めて奥羽の「夷狄《いてき》追討」を行い、東国武士を主従関係に組織した武将であり、頼朝の権威の源泉ともいうべき存在だったのである。

たしかに、佐伯経範《さえきのつねのり》に代表されるように、頼義は東国に荘官などとして武士を配置し、主従関係を結んでいる。東国の武士との関係を形成したのは事実であった。しかし、その数は限定されるものであったし、経範の子孫波多野義常《はたのよしつね》が頼朝挙兵に際して敵対したように、けっして主従関係が単純に継続したわけではない。頼朝挙兵に参戦するか否かは平氏政権との政治的関係で決まったのである。

また、夷狄討伐の第一人者としての河内源氏の立場も、前九年合戦における苦戦や清原氏との軋轢もあって、必ずしも朝廷の認めるところではなかった。第一一で述べたように、頼義は前九年合戦以前には、いまだ大軍団を組織して戦争した経験も有していない。基本的に、受領の一員にすぎないのである。心ならずも内乱に足を踏み入れ、悪戦苦闘の末、清原氏の支援で辛くも勝利したにすぎない。その頼義に、頼朝の事績が投影されたことから、頼義像は「武家棟梁《ぶけとうりょう》」などとして肥大化したのであった。

全体に関係する系図

1. 武門源氏系図

＊源経基の父については、貞純親王説・元平親王説がある（本文一四頁参照）

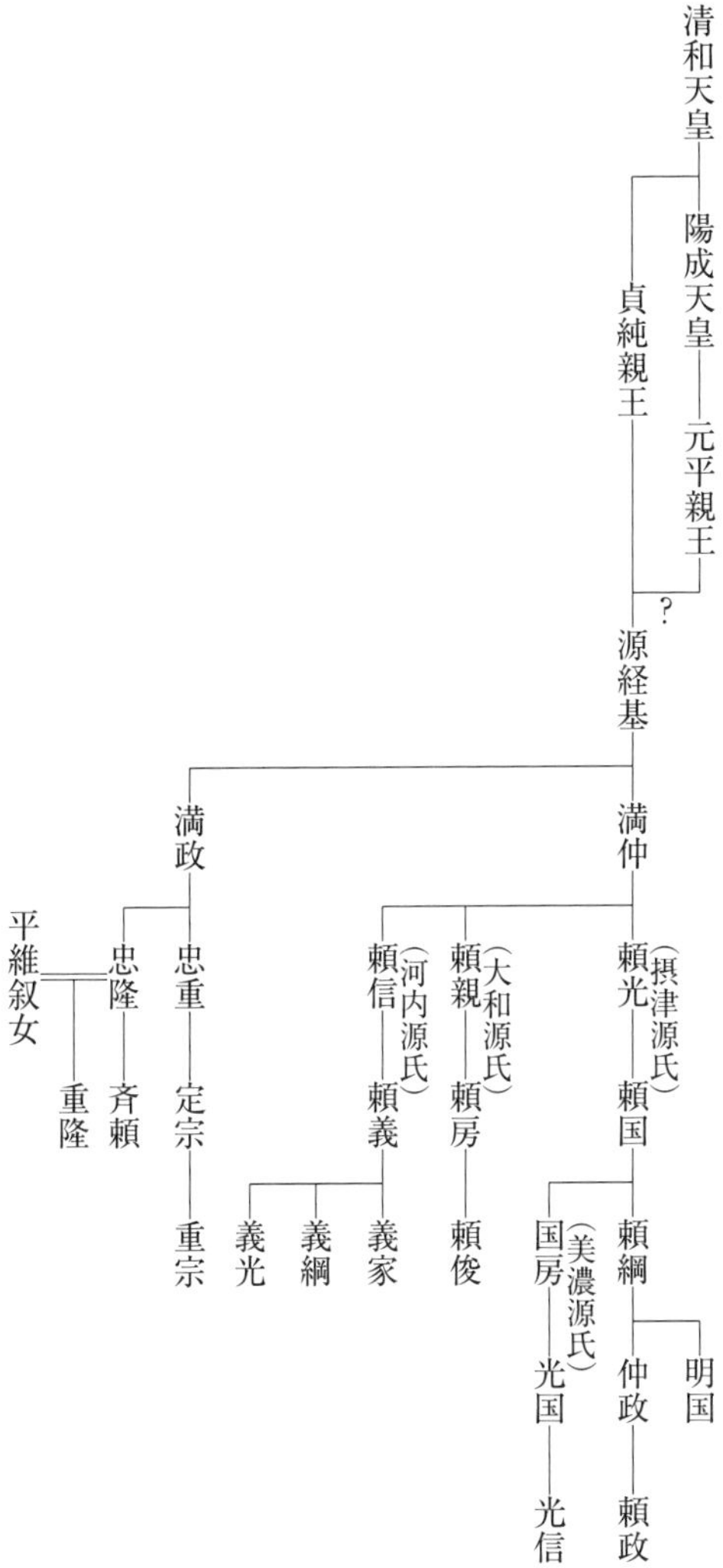

2. 河内源氏系図

＊為義の父については、義親説・義家説がある（本文一九九—二〇〇頁参照）

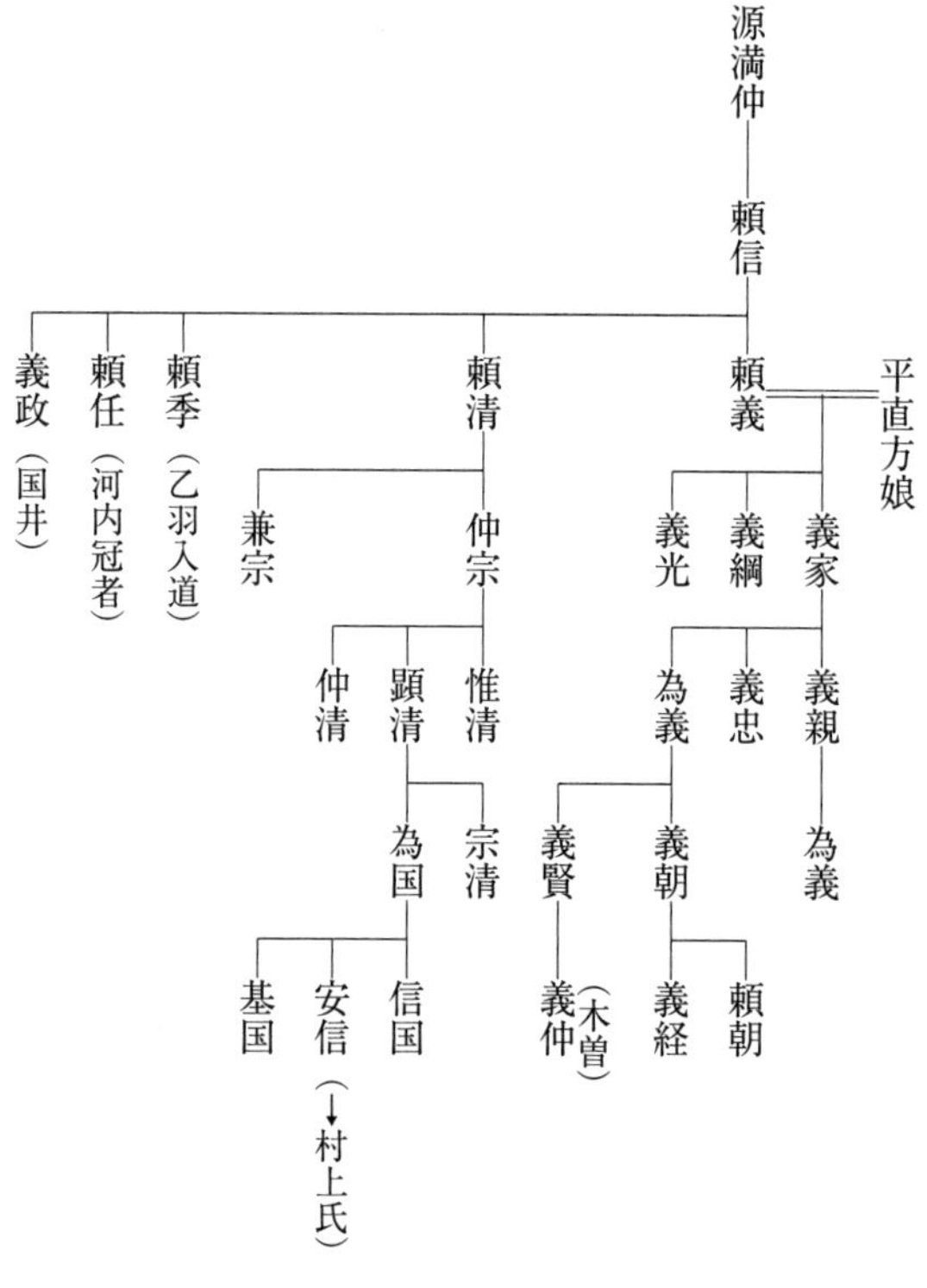

3．桓武平氏系図

- 平高望
  - 国香
    - 貞盛
      - 維叙（実父は藤原済時）
      - 維将 ― 維時 ― 直方 ― 源頼義室
      - 維衡
        - 正輔
        - 正度（伊勢平氏）― 正衡 ― 正盛 ― 忠盛 ― 清盛
    - 繁盛
      - 兼忠 ― 維良（維茂）
        - 繁貞
        - 繁成（重成）→越後城氏
      - 維幹（惟基）― 為幹 ― 重幹 ― 致幹（宗基）→（常陸平氏大掾氏）
  - 良持 ― 将門
  - 良兼 ― 公雅 ― 致光
  - 良文 ― 忠頼 ― 忠常 ― 常昌→（上総介・千葉氏）

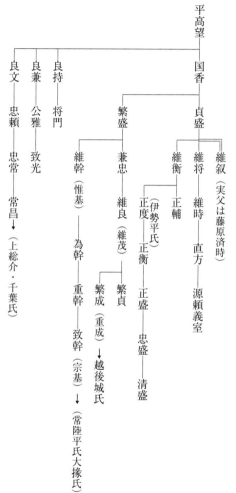

4．天皇家系図

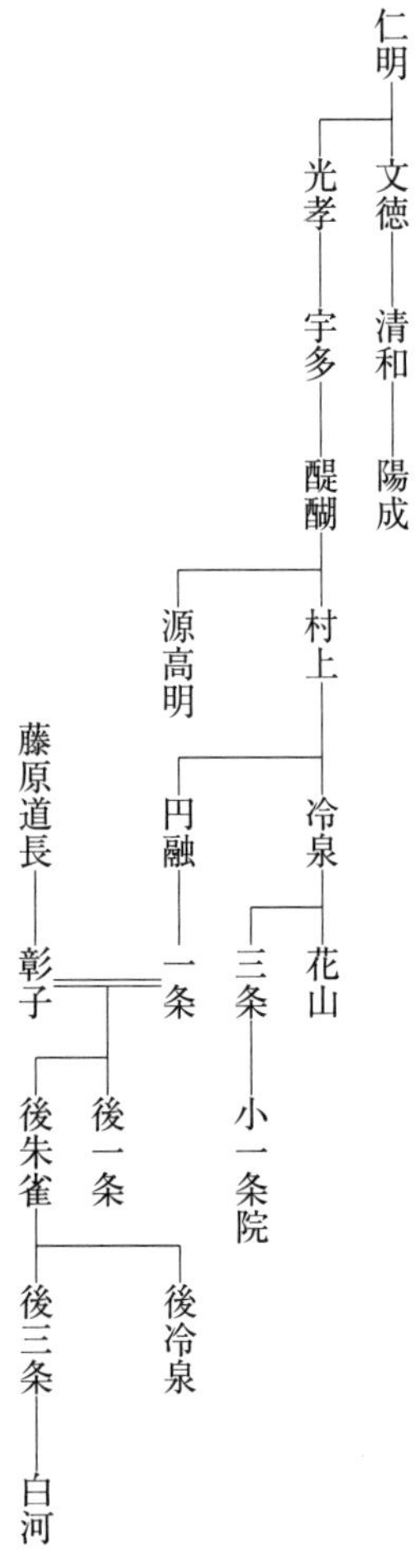

5．藤原北家・摂関家系図

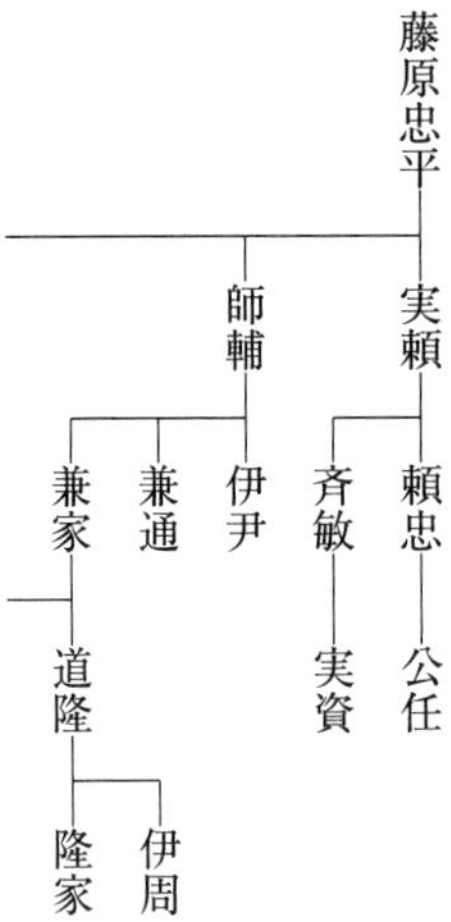

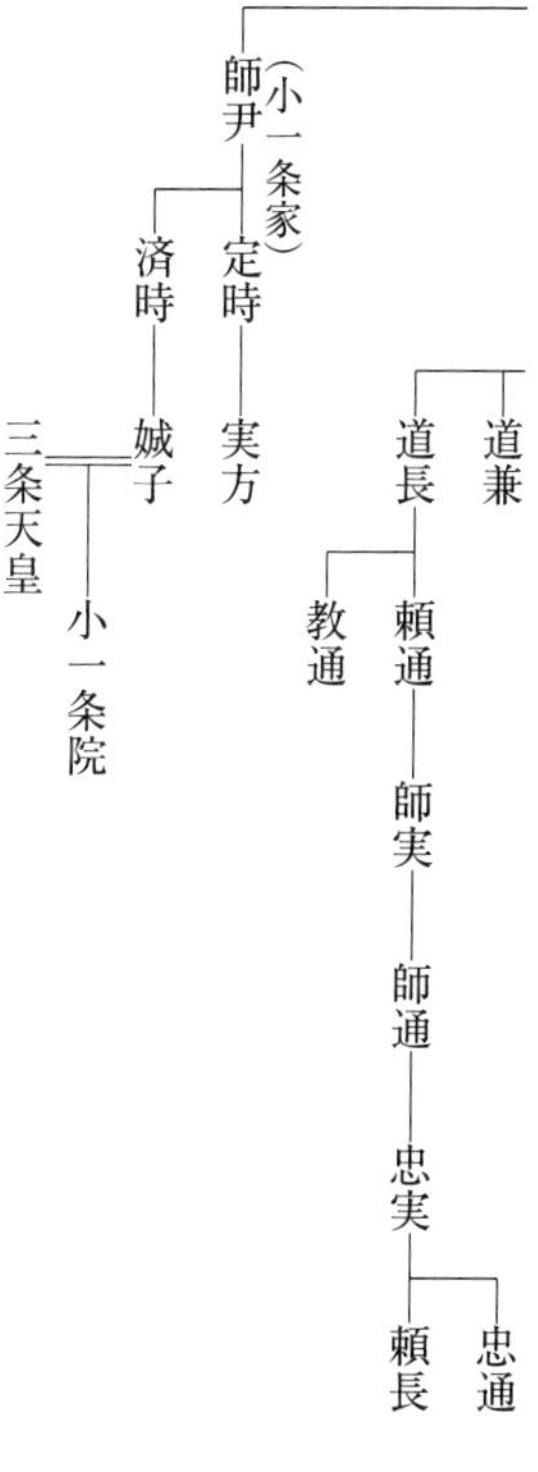
師尹（小一条家）
済時
定時
娍子
実方
三条天皇
小一条院
道兼
道長
教通
頼通
師実
師通
忠実
忠通
頼長

6. 安倍・清原氏系図

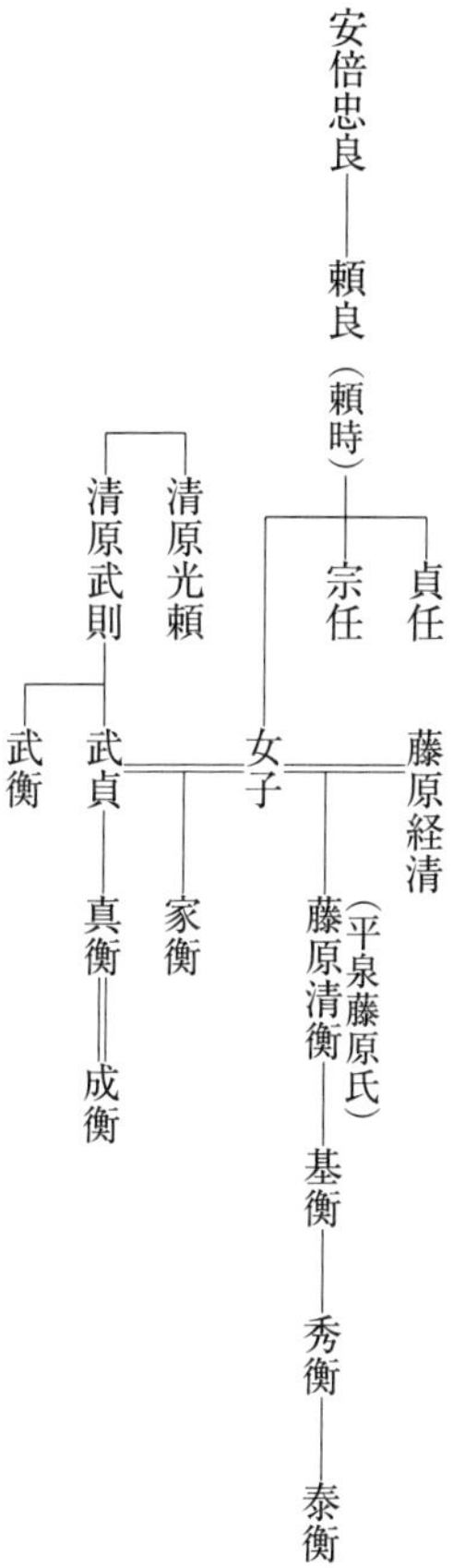
安倍忠良
頼良（頼時）
貞任
宗任
清原光頼
清原武則
藤原経清
女子
武貞
武衡
家衡
藤原清衡（平泉藤原氏）
基衡
秀衡
泰衡
真衡
成衡

前九年合戦地図（古川一明氏作成・提供）

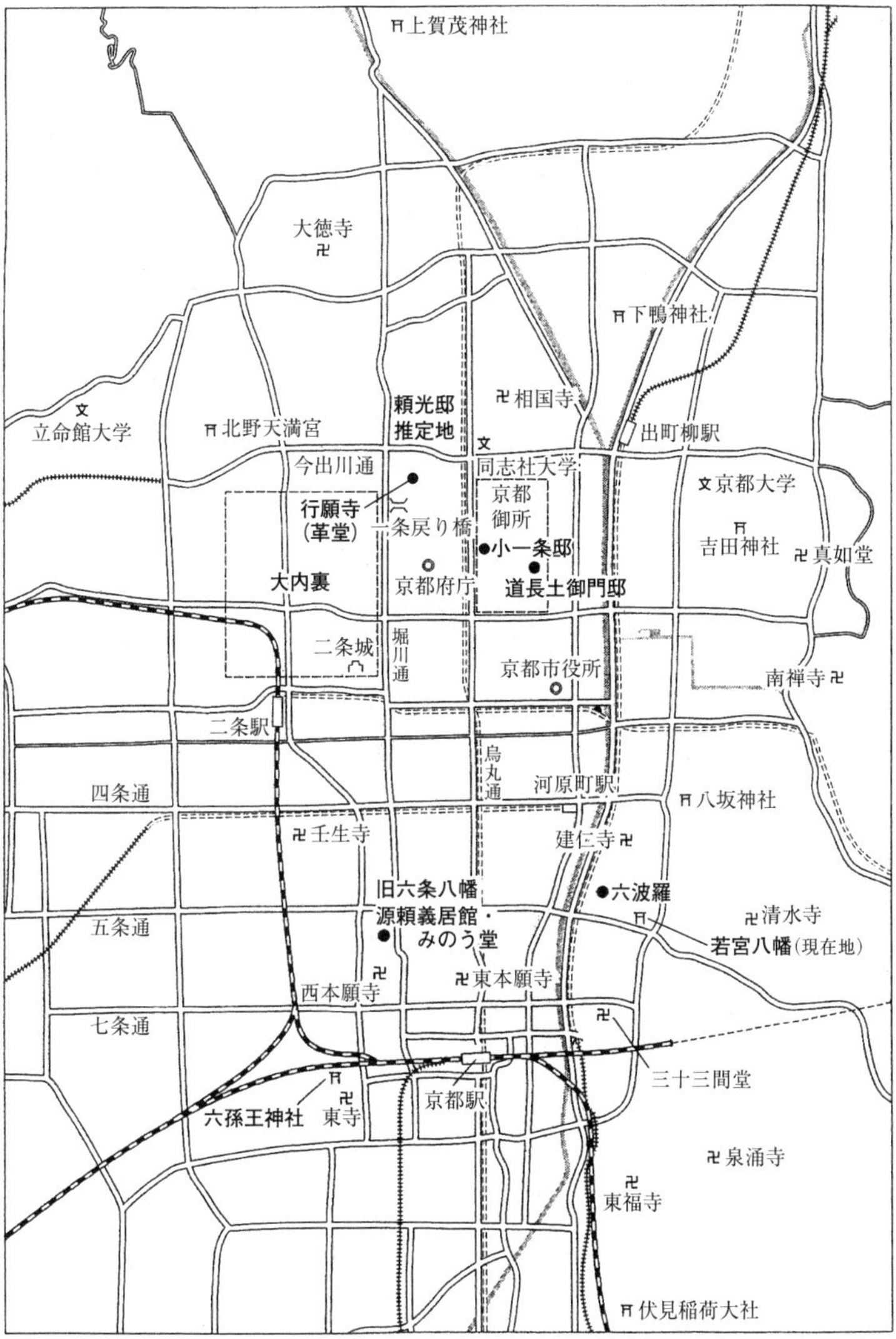
上賀茂神社
大徳寺
下鴨神社
相国寺
頼光邸
推定地
立命館大学
北野天満宮
出町柳駅
今出川通
同志社大学
京都大学
京都
御所
行願寺
(革堂)
一条戻り橋
小一条邸
吉田神社
真如堂
大内裏
京都府庁
道長土御門邸
二条城
堀
川
通
京都市役所
南禅寺
二条駅
烏
丸
通
四条通
河原町駅
八坂神社
壬生寺
建仁寺
旧六条八幡
六波羅
源頼義居館・
清水寺
五条通
みのう堂
若宮八幡(現在地)
西本願寺
東本願寺
七条通
三十三間堂
京都駅
六孫王神社
東寺
泉涌寺
東福寺
伏見稲荷大社

京都市関係地図

略年譜

年次	西暦	年齢	頼義および一族の事績	参考事項
天慶 二	九三九		二月、武蔵介源経基、平将門の行動を誤解し、上洛、将門を訴える	一一月二一日、平将門、常陸国府を攻撃、将門の乱勃発○一二月、藤原純友の乱勃発。
三	九四〇		正月九日、経基、従五位下に叙す○三月九日、経基、大宰権少弐に就任	二月一四日、藤原秀郷・平貞盛、将門を討つ
四	九四一		九月六日、経基、藤原純友の残党桑原生行を討伐する	六月二〇日、藤原純友、討たれる
天徳 四	九六〇		一〇月二日、源満仲、平将門の子入京の噂により動員される	
安和 元	九六八		この年、源頼信、生誕	
二	九六九		三月二五日、満仲の密告をきっかけに安和の変勃発	
天延 二	九七四			一一月、平貞盛、陸奥守に就任
寛和 二	九八六		六月二三日、花山天皇出家、一条天皇践祚、藤原兼家、摂政に就任（天皇出家に源頼信ら、源氏の武士が関与か）	

永延	元	九八七		八月一六日、満仲、摂津国多田で出家	
	二	九八八	一	この年、源頼義生誕か	
永祚	二	九九〇	三		七月二日、藤原兼家死去、長男道隆、関白に就任
正暦	五	九九四	七	三月六日、頼信、頼親らとともに大索に動員される	
長徳	元	九九五	八		正月一三日、藤原実方、陸奥守に就任（前任は平維叙）○四月一〇日、関白藤原道隆死去○四月二三日、大納言藤原済時死去○五月八日、関白藤原道兼死去○五月一一日、藤原道長、内覧に就任
	二	九九六	九	四月二四日、内大臣藤原伊周、権中納言藤原隆家を配流する、源頼光・頼親ら、内裏を警護	
	四	九九八	一一		一一（一二）月、陸奥守藤原実方、任国で死去
長保	元	九九九	一二	九月二日、上野介頼信、藤原道長に馬五頭を贈る	
	二	一〇〇〇	一三		二月二五日、藤原道長娘彰子、中宮となる
寛弘	四	一〇〇七	二〇	八月、藤原道長金峯山参詣、頼光・頼親ら、	

寛弘 八	一〇一一	二四	随行する	六月一三日、一条天皇譲位、三条天皇践祚
長和 元	一〇一二	二五	閏一〇月二二日、前常陸介頼信、藤原道長に馬一〇匹を贈る（常陸介在任中に平忠常を屈服させる）	
三	一〇一四	二七		二月七日、平維良、鎮守府将軍重任を目指し、藤原道長に貢納
五	一〇一六	二九		正月二九日、三条天皇譲位、一条天皇践祚、藤原道長、摂政に就任
寛仁 元	一〇一七	三〇	五月九日、源頼清、三条上皇死去を道長に伝える	三月一六日、藤原道長、摂政を頼通に譲る○五月九日、三条上皇死去○八月九日、敦明親王、東宮を辞退、同二五日、小一条院となる○八月九日、藤原道長、外孫敦良親王立坊
二	一〇一八	三一	四月二二日、中務少輔頼清、賀茂祭りに使代官を勤める○六月二〇日、伊予守頼光、道長の土御門邸再建に際し、調度一切を献上	八月一九日、陸奥守藤原貞仲と鎮守府将軍平維良との衝突が審議される○この年、小一条院王女儇子内親王誕生
三	一〇一九	三二		三月、女真族の海賊、北九州に侵入（刀伊の入寇）、大宰権帥藤原隆家、武士に命じて撃退させる

治安	四	一〇二〇	三三	この年、頼信、河内に進出か	
	元	一〇二一	三四	一〇月一〇日、頼清、関白頼通の家司・侍所別当の任にあり	
	二	一〇二二	三五	七月、頼清、法成寺金堂供養で詔書を取り次ぐ	正月二九日、藤原頼行、鎮守府将軍に就任
	三	一〇二三	三六		一二月四日、平孝義、陸奥守に在任
万寿	二	一〇二五	三八		一一月二九日、鎮守府将軍藤原頼行の交替申請について宣旨が下される
	四	一〇二七	四〇		一二月四日、藤原道長死去○一二月一一日、藤原頼行が鎮守府将軍に在任
	五	一〇二八	四一	六月二一日、頼信、平忠常追討使の選に漏れる○七月、長元改元に際し、頼清、詔書を伝える	六月、平忠常蜂起、安房守を殺害する
長元	三	一〇三〇	四三	九月以前、頼信、甲斐守に就任○九月、頼信、忠常追討使に就任、甲斐に下向、頼義も随行	
	四	一〇三一	四四	三月八日、頼清、安芸守として、任国に下向○六月、頼信、平忠常の乱を平定、忠常を伴い京上するも、忠常は美濃で死去○七月一日、頼信、上洛○九月一八日、頼信、恩賞として美濃守を望む	

長元	五	一〇三二	四五	二月八日、頼信、美濃守に就任○このころ、頼義、小一条院判官代に就任	
	九	一〇三六	四九	一〇月一四日、頼義、相模守に就任	一二月二二日、安倍忠好（良）、陸奥権守に就任
長暦	三	一〇三九	五二	この年、源義家生誕	
長久	四	一〇四三	五六	この年、頼義、河内国石川に通法寺を建立、壺井八幡を勧請	
永承	元	一〇四六	五九	この年、頼信、河内守に就任	
	三	一〇四八	六一	頼清、三月二日に、前陸奥守とあり○この年、頼信死去、八一歳	
	五	一〇五〇	六三		この頃、鬼切部合戦、陸奥守藤原登任ら、安部頼良に敗北
	六	一〇五一	六四	この年、頼義、陸奥守に就任	正月、小一条院死去
	七	一〇五二	六五		上東門院の病気で天下大赦○安倍頼良、頼時と改名
天喜	元	一〇五三	六六	頼義、鎮守府将軍を兼ねる○頼義、後冷泉天皇の命で若宮八幡を勧請	
	四	一〇五六	六九	この年、頼義、安倍氏を攻撃、前九年合戦開戦○八月三日、安倍頼時追討宣旨下さる（『帝王編年記』）○一二月二九日、藤原良経（綱）、	

五	一〇五七	七〇	陸奥守を辞任、頼義、再度陸奥守に就任 八月一〇日、頼義の安倍頼時追討により、東海・東山両道に官符を下し、兵糧を送らせる○九月二日、七月に安倍頼時死去の旨を朝廷に言上する○一一月、黄海合戦、頼義、安倍貞任に大敗を喫する
康平五	一〇六二	七五	七月、清原武則、一万騎を率いて来援、八月九日、頼義、営岡で合流○八月一七日、小松柵に安倍宗任を破る○九月七日、衣川関を攻略○九月一七日、厨川柵を攻略、安倍貞任・藤原経清以下を殺害する○数日後、宗任等、降伏する○一〇月二九日、戦勝の報告、朝廷に届く
六	一〇六三	七六	二月一六日、安倍貞任以下の首級が京中を渡される○二月二七日、除目が行なわれ、頼義は伊予守、義家は出羽守、清原武則は鎮守府将軍に任じられる○八月、頼義、鶴岡八幡宮を造営する
七	一〇六四	七七	二月、頼義、上洛、捕虜安倍宗任等の処分が審議される○四月、義家・義綱入京する○

治暦	元	一〇六五	七八	一〇月、頼義、源国房と合戦○一二月、義宗(家)、国房と合戦○この年、義家、越中守補任を申請する	
	三	一〇六七	八〇	この年、頼義、伊予守重任を朝廷に申請する	二月、藤原実綱が伊予守に就任○一二月五日、関白藤原頼通辞任○この年、安倍宗任・正任等を大宰府に移送○この年、源頼俊、陸奥守に就任
	四	一〇六八	八一		四月一六日、藤原教通、関白に就任○同月一九日、後冷泉天皇死去、後三条天皇践祚
延久	二	一〇七〇	八三	八月、下野守義家、陸奥の賊徒藤原基通を捕らえる	この年、陸奥守源頼俊、清原貞衡等、北陸奥の蝦夷を追討
	四	一〇七二	八五		一二月、後三条天皇譲位、白河天皇即位
承保	二	一〇七五	八八	七月一三日、頼義、死去（死去以前に出家）	
承暦	三	一〇七九		八月、義家、源重宗追討のために美濃に下る	
永保	三	一〇八三		九月、義家、陸奥守に就任、清原氏内紛を調停する	
応徳	三	一〇八六		九月二八日、清原氏内紛により、朝廷において陸奥守義家支援に義綱の派遣が審議される	正月二三日、前陸奥守源頼俊、北陸奥の蝦夷討伐の功績により、讃岐守任官を申請する○一一月二六日、白河天皇譲位、堀河天

寛治 元	一〇八七	八月二九日、兄義家支援のために許可なく陸奥に下向した義光を停任する○一二月二六日、義家、清原家衡・武衡を討伐した旨を言上、後三年合戦終結するも、朝廷、私闘として恩賞を認めず	皇即位
五	一〇九一	六月一二日、義家・義綱、郎等の衝突から対立、京で兵を構える、同日、五畿七道に宣旨を下し、国司随兵の入京を禁止する	一一月一五日、藤原清衡、関白藤原師実に馬を贈る
六	一〇九二	五月一二日、前陸奥守義家が諸国に構立した荘園を停止する	
七	一〇九三	一〇月一八日、義綱、陸奥守に就任	
八	一〇九四	三月八日、義綱、出羽の賊徒平師妙を追討、首を携えて上洛○八月一七日、頼清の孫惟清、白河院を呪詛、一門の大半が失脚する	
嘉保 二	一〇九五	一〇月二四日、美濃守義綱の配流を求め、延暦寺強訴	
承徳 二	一〇九八	一〇月二三日、前陸奥守義家、院の昇殿を許される	
三	一〇九九		六月二八日、関白藤原師通死去

康和	三	一一〇一	七月五日、対馬守源義親の追討が議される	
	四	一一〇二	一二月二八日、義親、隠岐に配流される	
長治	二	一一〇五		二月一五日、藤原清衡、中尊寺を建立○一二月二五日、藤原忠実、関白に就任
嘉承	元	一一〇六	六月一〇日、義光と、義家三男義国、合戦○七月、義家死去	
	二	一一〇七	一二月一九日、流人源義親の追討使平正盛、出雲に下向する	七月一九日、堀河天皇死去、鳥羽天皇践祚○同日、藤原忠実摂政に就任、白河院政本格化
	三	一一〇八		正月二三日、源義親を追討した平正盛、頼義の先例により、上洛前に但馬守に補任される
天仁	二	一一〇九	二月三日、源義忠、殺害される(『尊卑分脈』に、実行犯殺害に関する義光・快誉兄弟の噂が見える)○同月一六日、源義綱三男義明、義忠殺害関与の嫌疑で追討される、義綱一族、東国に出奔するも、同月二五日に源為義らに追捕され、子息らは自殺、義綱は佐渡に配流される	
天永	二	一一一一		一一月二一日、下野守源明国、殺人を犯し

保安 二	一一二一		て入京、死穢を拡散したとして配流 正月二二日、関白藤原忠実辞任する
大治 四	一一二九		七月七日、白河院死去、鳥羽院政開始○九月一九日、自称源義親入京、藤原忠実の富家殿に匿われる
五	一一三〇		一一月一二日、自称義親、殺害される
天承 二	一一三二		正月一四日、藤原忠実、内覧に復帰
康治 元	一一四二	八月三日、藤原忠実の命により、源為義、興福寺悪僧を陸奥に連行	
二	一一四三	四月一八日、藤原忠実、頼信が頼義以下の三兄弟を藤原頼通に推挙した逸話を語る	このころ、陸奥守藤原師綱、藤原基衡の腹心佐藤季治を処刑する
久安 三	一一四七		六月二八日、祇園社頭で、平清盛郎従が神人と闘乱○七月、鳥羽院、源為義以下を動員し、延暦寺の強訴を阻止する
仁平 四	一一五四	三月二九日、藤原忠実、頼義母修理命婦の醜聞を語る	
保元 元	一一五六		七月一一日、保元の乱勃発
平治 元	一一五九		一二月九日、平治の乱勃発
嘉応 二	一一七〇		五月二五日、藤原秀衡を鎮守府将軍に任じ、従五位下に叙す

治承 四	一一八〇		一〇月一二日、源頼朝、頼義勧請の鶴岡八幡宮を小林郷北山に移す	八月一七日、源頼朝、伊豆で挙兵○一〇月二一日、頼朝、陸奥から駆けつけた弟義経と合流する
寿永 二	一一八三			七月二四日、平氏都落ち、源義仲入京、源(村上)信国、随行○同月三〇日、義仲・信国らが京の治安維持を分担
元暦 二	一一八五			三月二四日、壇ノ浦合戦、平氏滅亡
文治 五	一一八九		九月六日、源頼朝、源頼義の前九年合戦における故事にならい、藤原泰衡の首を陣岡でさらす	閏四月三〇日、源義経、平泉で殺害される○七月一九日、源頼朝、平泉攻撃に出撃、八月二二日、平泉を攻略

参考文献

一　史　料

『青森県史　資料編　古代Ⅰ　文献資料』（青森県史編さん古代部会編）青森県
『奥州藤原史料』（東北大学東北文化研究会編）吉川弘文館
『大日本史料』第一編・第二編・第四編
『兵庫県史　資料編　古代三』（兵庫県史編集専門委員会編）兵庫県
『平安遺文第二巻』（竹内理三編）東京堂出版
『吾妻鏡』（新訂増補国史大系）吉川弘文館
『大鏡』（日本古典文学大系）岩波書店
『官職秘抄』（群書類従第五輯）群書類従完成会
『愚管抄』（日本古典文学大系）岩波書店
『系図纂要』名著出版

『古今著聞集』（日本古典文学大系）岩波書店
『古事談』（新日本古典文学大系『古事談・続古事談』所収）岩波書店
『後拾遺和歌集』（新日本古典文学大系）岩波書店
『今昔物語集』四・五（新日本古典文学大系）岩波書店
『左経記』（増補史料大成）臨川書店
『将門記』（日本思想大系『古代政治社会思想』所収）岩波書店
『小右記』（大日本古記録）岩波書店、
『詞林采葉抄』（冷泉家時雨亭叢書『詞林采葉抄　人丸集』所収）朝日新聞社
『水左記』（増補史料大成）臨川書店
『純友追討記』（日本思想大系『古代政治社会思想』所収）岩波書店
『尊卑分脈』（新訂増補国史大系）吉川弘文館
『中外抄』（新日本古典文学大系『江談抄　中外抄　富家語』所収）岩波書店
『百練抄』（新訂増補国史大系）吉川弘文館
『扶桑略記』（新訂増補国史大系）吉川弘文館
『本朝世紀』（新訂増補国史大系）吉川弘文館
『本朝続文粋』（新訂増補国史大系『本朝文粋　本朝続文粋』所収）吉川弘文館

『御堂関白記』（大日本古記録）岩波書店
『陸奥話記』（日本思想大系『古代政治社会思想』所収）岩波書店

主要著書・論文

池上洵一『新日本古典文学大系　江談抄　中外抄　富家語』校注・解説　岩波書店　一九九七年
石井進『鎌倉武士の実像』（『石井進著作集第五巻』）岩波書店　二〇〇五年（初出は一九八七年）
入間田宣夫『平泉の政治と仏教』高志書院　二〇一三年
入間田宣夫・坂井秀弥編・横手市監修『前九年・後三年合戦　十一世紀の城と館』高志書院　二〇一一年
大石直正『奥州藤原氏の時代』吉川弘文館　二〇〇一年
大石直正「中世の黎明」（小林清治・大石直正編『中世奥羽の世界』）東京大学出版会　一九七八年
大石直正「次子相続・母太郎」（『東北学院大学論集』三二）二〇〇〇年
川合康『鎌倉幕府成立史の研究』校倉書房　二〇〇四年

川端新『荘園制成立史の研究』思文閣出版　二〇〇〇年
小原嘉記「平安後期の官物と収取機構」（『日本史研究』六四一号）二〇一六年
佐倉由泰『軍記物語の機構』汲古書院　二〇一一年
庄司浩『辺境の争乱』教育社　一九七七年
竹内理三『日本の歴史6　武士の登場』中央公論社　一九六五年
告井幸男『摂関期貴族社会の研究』塙書房　二〇〇五年
角田文衞『待賢門院璋子の生涯　椒庭秘抄』朝日新聞社　一九八五年（初出は一九七五年）
戸川点「前九年合戦と安倍氏」（『中世成立期の政治文化』）東京堂出版　一九九九年
戸川点「安倍頼良・貞任」（元木泰雄編『古代の人物六　王朝の変容と武者』）清文堂出版　二〇〇五年
戸川点「中世の黎明と安倍氏・鳥海柵～武家社会の誕生」（『国指定史跡　鳥海柵跡シンポジウム―資料―』）金ケ崎町生涯教育センター　二〇一六年
滑川敦子「平安貴族社会における陸奥国の位置づけ―十世紀～十一世紀初頭を中心に―」（『平泉文化研究年報』第一五号）二〇一五年
滑川敦子「十一世紀における陸奥と京都―陸奥守・鎮守府将軍の任官状況を中心に―」（『平泉文化研究年報』第一六号）二〇一六年

新野直吉『古代東北の覇者』（中公新書）　中央公論社　一九七四年
野口　実『中世東国武士団の研究』　高科書店　一九九四年
野口　実『伝説の将軍　藤原秀郷』　吉川弘文館　二〇〇一年
野口　実『源氏と坂東武士』　吉川弘文館　二〇〇七年
野口　実『坂東武士団と鎌倉』　戎光祥出版　二〇一三年（初出は一九八三年）
野口　実『坂東武士団の成立と発展』　戎光祥出版　二〇一四年（初出は一九八二年）
野中哲照『陸奥話記の成立』　汲古書院　二〇一七年
樋口知志『前九年・後三年合戦と奥州藤原氏』　高志書院　二〇一一年
樋口知志編『東北の古代史五　前九年・後三年合戦と兵の時代』　吉川弘文館　二〇一六年
渕原智幸『平安期東北支配の研究』　塙　書　房　二〇一三年
古川一明「十一〜十二世紀の陸奥国府と府中」（中世都市研究会編『中世都市研究一六
　都市のかたち』）　山川出版社　二〇一一年
元木泰雄『院政期政治史研究』　思文閣出版　一九九六年
元木泰雄『人物叢書　藤原忠実』　吉川弘文館　二〇〇〇年
元木泰雄『源満仲・頼光』　ミネルヴァ書房　二〇〇四年
元木泰雄『河内源氏　頼朝を生んだ武士本流』（中公新書）　中央公論社　二〇一一年

元木泰雄「十一世紀末期の河内源氏」（古代學協会編『後期摂関時代史の研究』）吉川弘文館 一九九〇年
元木泰雄「源頼義・義家」（元木編『古代の人物六 王朝の変容と武者』）清文堂出版 二〇〇五年
元木泰雄「頼義と頼清―河内源氏の分岐点―」（『立命館文學』第六二四号）二〇一二年
元木泰雄「院政期信濃守と武士」（『信濃』六五―一二）二〇一三年
元木泰雄「奥羽と軍事貴族―前九年合戦の前提―」（『紫苑』第一四号）二〇一六年
安田元久『人物叢書 源義家』吉川弘文館 一九六六年
安田元久『日本初期封建制の基礎研究』山川出版社 一九七六年
藪本勝治「奥州合戦再読―『吾妻鏡』における〈歴史〉構築の一方法―」（『古代文化』第六八巻第一号）二〇一六年
山中裕『人物叢書 藤原道長』吉川弘文館 二〇〇八年

著者略歴

一九五四年　兵庫県生まれ
一九八三年　京都大学大学院博士後期課程指導認定退学
一九九五年　京都大学博士（文学）
現在　京都大学大学院人間・環境学研究科教授

主要著書
『藤原忠実〈人物叢書〉』（吉川弘文館、二〇〇〇年）
『河内源氏　頼朝を生んだ武士本流』（中央公論新社、二〇一一年）
『平清盛と後白河院』（角川書店、二〇一二年）
『敗者の日本史5　治承・寿永の内乱と平氏』（吉川弘文館、二〇一三年）

人物叢書　新装版

源頼義

二〇一七年（平成二十九）九月一日　第一版第一刷発行

著　者　元木泰雄《もときやすお》
編集者　日本歴史学会
代表者　藤田　覚
発行者　吉川道郎
発行所　株式会社吉川弘文館
東京都文京区本郷七丁目二番八号
郵便番号一一三―〇〇三三
電話〇三―三八一三―九一五一〈代表〉
振替口座〇〇一〇〇―五―二四四
http://www.yoshikawa-k.co.jp/
印刷＝株式会社 平文社
製本＝ナショナル製本協同組合

ISBN978-4-642-05282-5

『人物叢書』（新装版）刊行のことば

人物叢書は、個人が埋没された歴史書が盛行した時代に、「歴史を動かすものは人間である。個人の伝記が明らかにされないで、歴史の叙述は完全であり得ない」という信念のもとに、専門学者に執筆を依頼し、日本歴史学会が編集し、吉川弘文館が刊行した一大伝記集である。

幸いに読書界の支持を得て、百冊刊行の折には菊池寛賞を授けられる栄誉に浴した。

しかし発行以来すでに四半世紀を経過し、長期品切れ本が増加し、読書界の要望にそい得ない状態にもなったので、この際既刊本の体裁を一新して再編成し、定期的に配本できるような方策をとることにした。既刊本は一八四冊であるが、まだ未刊である重要人物の伝記についても鋭意刊行を進める方針であり、その体裁も新形式をとることとした。

こうして刊行当初の精神に思いを致し、人物叢書を蘇らせようとするのが、今回の企図である。大方のご支援を得ることができれば幸せである。

昭和六十年五月

日本歴史学会
代表者 坂本太郎

日本歴史学会編集

人物叢書〈新装版〉

▽没年順に配列　▽九〇三円～二、四〇〇円（税別）
▽残部僅少の書目もございます。品切の節はご容赦ください。

日本武尊　上田正昭著
継体天皇　篠川　賢著
聖徳太子　坂本太郎著
秦　河勝　井上満郎著
蘇我蝦夷・入鹿　門脇禎二著
天智天皇　森　公章著
額田王　直木孝次郎著
持統天皇　直木孝次郎著
柿本人麻呂　多田一臣著
藤原不比等　高島正人著
長屋王　寺崎保広著
県犬養橘三千代　義江明子著
山上憶良　稲岡耕二著
行基　井上　薫著
光明皇后　林　陸朗著
鑑真　安藤更生著
藤原仲麻呂　岸　俊男著
道鏡　横田健一著
吉備真備　宮田俊彦著
佐伯今毛人　角田文衛著
和気清麻呂　平野邦雄著
桓武天皇　村尾次郎著
坂上田村麻呂　高橋　崇著
最澄　田村晃祐著
平城天皇　春名宏昭著
円仁　佐伯有清著
伴善男　佐伯有清著
円珍　佐伯有清著
菅原道真　坂本太郎著
聖宝　佐伯有清著
三善清行　所　功著
藤原純友　松原弘宣著
紀貫之　目崎徳衛著
小野道風　山本信吉著
良源　平林盛得著
藤原佐理　春名好重著
紫式部　今井源衛著
慶滋保胤　小原　仁著
一条天皇　倉本一宏著
大江匡衡　後藤昭雄著
源信　速水　侑著
源頼光　朧谷　寿著
藤原道長　山中　裕著
藤原行成　黒板伸夫著
源頼義　元木泰雄著
清少納言　岸上慎二著
和泉式部　山中　裕著
源義家　安田元久著
大江匡房　川口久雄著
奥州藤原氏四代　高橋富雄著
藤原頼長　橋本義彦著
藤原忠実　元木泰雄著
源頼政　多賀宗隼著
平清盛　五味文彦著
源義経　渡辺　保著
西行　目崎徳衛著
後白河上皇　安田元久著
千葉常胤　福田豊彦著
源通親　橋本義彦著
文覚　山田昭全著
畠山重忠　貫　達人著
法然　田村圓澄著
栄西　多賀宗隼著
北条義時　安田元久著
大江広元　上杉和彦著
北条政子　渡辺　保著

慈円　多賀宗隼著
明恵　田中久夫著
藤原定家　村山修一著
北条泰時　上横手雅敬著
道元　竹内道雄著
北条重時　森　幸夫著
親鸞　赤松俊秀著
北条時頼　高橋慎一朗著
日蓮　大野達之助著
阿仏尼　田渕句美子著
北条時宗　川添昭二著
一遍　大橋俊雄著
叡尊・忍性　和島芳男著
京極為兼　井上宗雄著
金沢貞顕　永井　晋著
菊池氏三代　杉本尚雄著
新田義貞　峰岸純夫著
花園天皇　岩橋小弥太著
赤松円心・満祐　高坂　好著
卜部兼好　冨倉徳次郎著
覚如　重松明久著
足利直冬　瀬野精一郎著
佐々木導誉　森　茂暁著
細川頼之　小川　信著

足利義満　臼井信義著
今川了俊　川添昭二著
足利義持　伊藤喜良著
世阿弥　今泉淑夫著
上杉憲実　田辺久子著
山名宗全　川岡　勉著
一条兼良　永島福太郎著
亀泉集証　今泉淑夫著
蓮如　笠原一男著
宗祇　奥田　勲著
万里集九　中川徳之助著
三条西実隆　芳賀幸四郎著
大内義隆　福尾猛市郎著
ザヴィエル　吉田小五郎著
三好長慶　長江正一著
今川義元　有光友學著
武田信玄　奥野高広著
朝倉義景　水藤　真著
浅井氏三代　宮島敬一著
織田信長　池上裕子著
明智光秀　高柳光寿著
大友宗麟　外山幹夫著
千利休　芳賀幸四郎著
豊臣秀次　藤田恒春著

足利義昭　奥野高広著
前田利家　岩沢愿彦著
長宗我部元親　山本　大著
安国寺恵瓊　河合正治著
石田三成　今井林太郎著
真田昌幸　柴辻俊六著
最上義光　伊藤清郎著
高山右近　海老沢有道著
島井宗室　田中健夫著
淀君　桑田忠親著
片桐且元　曽根勇二著
藤原惺窩　太田青丘著
支倉常長　五野井隆史著
伊達政宗　小林清治著
天草時貞　岡田章雄著
立花宗茂　中野　等著
宮本武蔵　大倉隆二著
小堀遠州　森　蘊著
徳川家光　藤井讓治著
由比正雪　進士慶幹著
佐倉惣五郎　児玉幸多著
林羅山　堀　勇雄著
松平信綱　大野瑞男著
国姓爺　石原道博著

野中兼山　横川末吉著
隠元　平久保章著
徳川和子　久保貴子著
酒井忠清　福田千鶴著
朱舜水　石原道博著
池田光政　谷口澄夫著
山鹿素行　堀勇雄著
井原西鶴　森銑三著
松尾芭蕉　阿部喜三男著
三井高利　中田易直著
河村瑞賢　古田良一著
徳川光圀　鈴木暎一著
契沖　久松潜一著
市川団十郎　西山松之助著
伊藤仁斎　石田一良著
徳川綱吉　塚本学著
貝原益軒　井上忠著
前田綱紀　若林喜三郎著
近松門左衛門　河竹繁俊著
新井白石　宮崎道生著
鴻池善右衛門　宮本又次著
石田梅岩　柴田実著
太宰春台　武部善人著
徳川吉宗　辻達也著

大岡忠相　大石学著
賀茂真淵　三枝康高著
平賀源内　城福勇著
与謝蕪村　田中善信著
三浦梅園　田口正治著
毛利重就　小川國治著
本居宣長　城福勇著
山村才助　鮎沢信太郎著
木内石亭　斎藤忠著
小石元俊　山本四郎著
山東京伝　小池藤五郎著
杉田玄白　片桐一男著
塙保己一　太田善麿著
上杉鷹山　横山昭男著
大田南畝　浜田義一郎著
只野真葛　関民子著
小林一茶　小林計一郎著
大黒屋光太夫　亀井高孝著
松平定信　高澤憲治著
菅江真澄　菊池勇夫著
島津重豪　芳即正著
狩谷棭斎　梅谷文夫著
最上徳内　島谷良吉著
渡辺崋山　佐藤昌介著

柳亭種彦　伊狩章著
香川景樹　兼清正徳著
平田篤胤　田原嗣郎著
間宮林蔵　洞富雄著
滝沢馬琴　麻生磯次著
調所広郷　芳即正著
橘守部　鈴木暎一著
黒住宗忠　原敬吾著
水野忠邦　北島正元著
帆足万里　帆足図南次著
江川坦庵　仲田正之著
藤田東湖　鈴木暎一著
二宮尊徳　大藤修著
広瀬淡窓　井上義巳著
大原幽学　中井信彦著
島津斉彬　芳即正著
月照　友松圓諦著
橋本左内　山口宗之著
井伊直弼　吉田常吉著
吉田東洋　平尾道雄著
緒方洪庵　梅溪昇著
佐久間象山　大平喜間多著
真木和泉　山口宗之著
高島秋帆　有馬成甫著

シーボルト　板沢武雄著
高杉晋作　梅溪　昇著
川路聖謨　川田貞夫著
横井小楠　圭室諦成著
小松帯刀　高村直助著
山内容堂　平尾道雄著
江藤新平　杉谷　昭著
和宮　武部敏夫著
西郷隆盛　田中惣五郎著
ハリス　坂田精一著
森　有礼　犬塚孝明著
松平春嶽　川端太平著
中村敬宇　高橋昌郎著
河竹黙阿弥　河竹繁俊著
寺島宗則　犬塚孝明著
樋口一葉　塩田良平著
ジョセフ＝ヒコ　近盛晴嘉著
勝　海舟　石井　孝著
臥雲辰致　村瀬正章著
黒田清隆　井黒弥太郎著
伊藤圭介　杉本　勲著
福沢諭吉　会田倉吉著
星　亨　中村菊男著
中江兆民　飛鳥井雅道著
西村茂樹　高橋昌郎著
正岡子規　久保田正文著
清沢満之　吉田久一著
滝　廉太郎　小長久子著
副島種臣　安岡昭男著
田口卯吉　田口　親著
福地桜痴　柳田　泉著
陸　羯南　有山輝雄著
児島惟謙　田畑　忍著
荒井郁之助　原田　朗著
幸徳秋水　西尾陽太郎著
ヘボン　高谷道男著
石川啄木　岩城之徳著
乃木希典　松下芳男著
岡倉天心　斎藤隆三著
桂　太郎　宇野俊一著
徳川慶喜　家近良樹著
加藤弘之　田畑　忍著
山路愛山　坂本多加雄著
伊沢修二　上沼八郎著
秋山真之　田中宏巳著
前島　密　山口　修著
成瀬仁蔵　中嶌　邦著
前田正名　祖田　修著
大隈重信　中村尚美著
山県有朋　藤村道生著
大井憲太郎　平野義太郎著
河野広中　長井純市著
富岡鉄斎　小高根太郎著
大正天皇　古川隆久著
津田梅子　山崎孝子著
豊田佐吉　楫西光速著
渋沢栄一　土屋喬雄著
有馬四郎助　三吉　明著
武藤山治　入交好脩著
坪内逍遙　大村弘毅著
山室軍平　三吉　明著
南方熊楠　笠井　清著
山本五十六　田中宏巳著
中野正剛　猪俣敬太郎著
近衛文麿　古川隆久著
河上　肇　住谷悦治著
牧野伸顕　茶谷誠一著
御木本幸吉　大林日出雄著
尾崎行雄　伊佐秀雄著
緒方竹虎　栗田直樹著
石橋湛山　姜　克實著
八木秀次　沢井　実著

▽以下続刊

日本歴史学会編集

日本歴史叢書 新装版

歴史発展の上に大きな意味を持ち基礎的条件となるテーマを選び、平易に興味深く読めるように編集。
四六判・上製・カバー装／頁数二二四～五〇〇頁
略年表・参考文献付載・挿図多数／二三〇〇円～三二〇〇円

〔既刊の一部〕
日本考古学史―斎藤　忠
奈　良―永島福太郎
延喜式―虎尾俊哉
六国史―坂本太郎
荘　園―永原慶二
鎌倉時代の交通―新城常三
桃山時代の女性―桑田忠親
キリシタンの文化―五野井隆史
参勤交代―丸山雍成
広島藩―土井作治
城下町―松本四郎
開国と条約締結―麓　慎一
幕長戦争―三宅紹宣
日韓併合―森山茂徳
帝国議会改革論―村瀬信一
日本の貨幣の歴史―滝沢武雄
肖像画―宮島新一

日本歴史

日本歴史学会編集
月刊雑誌（毎月23日発売）
一年間直接購読料＝八三〇〇円（税・送料込）
内容豊富で親しみ易い、日本史専門雑誌。割引制度有。

日本歴史学会編

明治維新人名辞典

菊判・一一一四頁／一二〇〇〇円

ペリー来航から廃藩置県まで、いわゆる維新変革期に活躍した四三〇〇人を網羅。執筆は一八〇余名の研究者を動員、日本歴史学会が総力をあげて編集した画期的大人名辞典。「略伝」の前段に「基本事項」欄を設け、一目してこれら基本的事項が検索できる記載方式をとった。

日本歴史学会編

日本史研究者辞典

菊判・三六八頁／六〇〇〇円

明治から現在までの日本史および関連分野・郷土史家を含めて、学界に業績を残した物故研究者一二三五名を収録。生没年月日・学歴・経歴・主要業績や年譜、著書・論文目録・追悼録を記載したユニークなデータファイル。

▽ご注文は最寄りの書店または直接小社営業部まで。（価格は税別です）　吉川弘文館